여기는 바로섬
법을 배웁니다

여기는 바로섬
법을 배웁니다

안소연 글 | 임광희 그림 | 소재용 감수

차례

1장 법이 필요해요 — 008
똑똑똑 법 ▶ 모두가 지켜야 하는 약속, 법 — 016

2장 법을 만들어요 — 018
똑똑똑 법 ▶ 법의 종류와 체계 — 028

3장 힘을 나누어요 — 030
똑똑똑 법 ▶ 삼권 분립 — 040

4장 다툼을 해결하는 순서가 있어요 — 042
똑똑똑 법 ▶ 분쟁 해결 — 052

5장 개인의 다툼을 해결해요 — 054
똑똑똑 법 ▶ 민사 재판 — 064

6장 법으로 범죄를 심판해요   066
- 똑똑똑 법 ▸ 형사 재판   076

7장 법으로 소비자를 보호해요   078
- 똑똑똑 법 ▸ 소비자를 보호하는 법   086

8장 헌법과 관련된 다툼을 해결해요   088
- 똑똑똑 법 ▸ 헌법 재판   096

9장 국민이 재판에 참여해요   098
- 똑똑똑 법 ▸ 국민 참여 재판   106

10장 누구나 행복할 권리가 있어요   108
- 똑똑똑 법 ▸ 인권이란 무엇일까요?   118

추천의 글   120
여기는 바로섬 법 용어를 배웁니다   121

푸른 산홋빛 바다를 가로질러 가다 보면 아름다운 섬 하나가 나옵니다. 높고 파란 하늘과 작고 나지막한 산들이 정겹게 펼쳐져 있는 이 외딴섬의 이름은 바로섬. 바람과 파도에 깎인 섬 둘레가 반듯하고 아름다워서 지어진 이름이에요.

바로섬 사람들은 바로섬을 무척이나 아끼고 사랑했습니다.

바로섬 사람들끼리 한 가족처럼 사이좋게 지내며, 어려운 일은 서로 돕고 기쁜 일은 함께했지요. 하지만 아무리 친한 형제나 자매라도 심하게 다툴 때가 있듯, 바로섬 사람들 역시 항상 사이가 좋은 것은 아니었어요. 때로는 의견이 서로 달라 티격태격하고, 크게 싸우기도 했지요. 오늘은 바로섬에서 어떤 일이 벌어질까요?

1장
법이 필요해요

나라에서 사람들이 평화롭고 행복하게 살기 위해 만든 약속이 법이에요. 법은 모든 사람이 반드시 지켜야 하며, 법을 어긴 사람은 그에 대한 책임을 져야 해요.

바로섬은 사계절 푸름을 간직한 곳이에요. 깊고 푸른 물빛만큼 높고 파란 하늘, 그 아래 펼쳐진 야자나무 숲은 탐스러운 열매들로 가득했지요. 알맞게 내리는 비와 따뜻한 햇살 덕분에 먹을 것이 늘 풍족한 바로섬에서 사람들은 오랫동안 행복하게 지내 왔어요. 풍요로운 섬답게 인구도 날로 늘어났답니다.

그런데 어느 날부터인가 문제가 하나둘씩 생기기 시작했어요. 언제까지나 사이가 좋을 것만 같았던 이웃 사이에 소소한 다툼이 벌어졌지요.

이발소를 운영하는 까까 군과 보석 가게를 운영하는 반짝 아가씨. 두 사람의 가게는 나란히 붙어 있어요. 며칠 전까지만 해도 '하하 호호' 웃으며 정답게 지내던 까까 군과 반짝 아가씨가 오늘은 웬일인지 둘 다 잔뜩 화가 나 있어요.

"반짝 아가씨! 지난번에 나한테 빌려 간 돈, 대체 언제 갚을 거예요?"

"빌려 간 돈이라뇨? 제가 까까 군 이발소 앞을 청소해 줘서 그 대가로 준 돈 아니에요?"

"무슨 소리인가요? 반짝 아가씨가 요즘 장사가 너무 안 되니 힘들다고 했잖아요. 그래서 내가 빌려준 거라고요."

"전 빌려 달라고 하지 않았어요. 매일 아침, 이발소 앞까지 청소해 줘서 미안하고 고맙다고 했잖아요. 저는 당연히 청소에 대한 보답이라고 생각했죠!"

"거참, 당최 무슨 소리인지 모르겠군요!"

"저야말로 까까 군이 무슨 소리를 하는 건지 모르겠네요!"

대화를 하면 할수록 반짝 아가씨와 까까 군은 서로 화만 냈어요. 문제가 풀리기는커녕 점점 더 두 사람의 목소리가 높아져만 갔지요.

그런데 그때, 까까 군의 이발소 옆 뚝딱 아저씨네 가게에서도 심상치 않은 소리가 들려왔어요. 나무로 가구를 만들어 파는 뚝딱 아저씨네 가게에 호밀 씨가 찾아왔어요.

"뚝딱 아저씨, 지난번에 만들어 주신 의자가 며칠도 안 가서 부서지고 말았어요. 아무래도 불량품인 것 같아요."

그러자 뚝딱 아저씨가 말했어요.

"불량품이라니요? 제가 얼마나 정성을 들여서 만들었는데요. 사용을 잘못했겠지요."

"제가 얼마나 조심조심 썼는데요. 그런데 며칠도 못 가서 이렇게 부서질 정도면 물건에 문제가 있는 것 아닌가요?"

"아뇨, 한 번도 이런 적이 없었어요. 혹시 호밀 씨가 너무 세게 앉아서 그런 것 아니에요? 아니면 호밀 씨가 너무 뚱뚱해서……."

"뭐라고요?"

기분이 상한 호밀 씨는 뚝딱 아저씨에게 따지기 시작했어요. 호밀 씨는 의자가 부서졌으니, 의자 값을 되돌려 달라고 했지요. 하지만 뚝딱 아저씨는 아무 문제 없이 의자를 잘 만들어 줬으니 의자 값은 돌려줄 수 없다고 맞섰어요. 두 사람의 팽팽한 다툼은 해가 질 때까지도 끝나지 않았어요.

요즘 들어 바로섬에서는 사람들끼리 와글와글 큰소리를 내며 싸워대는 일이 점점 더 늘어 갔어요. 전에는 끊임없이 들려오던 웃음소리 대신 다투는 소리가 더 커져 갔지요.

바로섬 사람들은 섬을 이대로 두어선 안 되겠다고 생각했어요. 그래서 바로섬에서 가장 나이가 많은 큰뜻 할아버지를 찾아가 지혜를 얻기로 했어요. 큰뜻 할아버지는 바로섬 사람들로부터 가장 존경받는 어른이었거든요.

사람들의 이야기를 들은 큰뜻 할아버지는 한동안 깊은 생각에 잠겼어요. 그리고 사람들에게 물었어요.

"여러분은 평소에 사이좋게 지내던 이웃입니다. 그런데 왜 서로에게 불만이 생기고 다툼이 일어나게 되었을까요?"

가장 먼저 까까 군이 입을 열었어요.

"사람마다 처한 상황이 달라서 그런 것 같아요."

반짝 아가씨도 이야기했어요.

"모두 자기 입장만 생각하니까 그래요."

호밀 씨도 슬며시 덧붙였어요.

"맞아요! 상대방보다는 내 이익부터 생각하니 다툼이 생기는 것 같아요."

잠자코 듣고 있던 뚝딱 아저씨가 머리를 긁적이며 말했어요.

"많은 사람들이 함께 살다 보니 이런 다툼이 생기는 것 아닐까요?"

그러자 큰뜻 할아버지가 고개를 끄덕이며 말했어요.

"여러분 말씀이 모두 맞아요. 바로섬에는 많은 사람들이 함께 살아가고 있지만, 각자의 입장이 다르고, 각자의 이익도 다르지요. 그러다 보니 이런 다툼이 생기는 것이랍니다."

큰뜻 할아버지의 말이 끝나자 까까 군이 물었어요.

"그러면 바로섬 사람들 모두가 사이좋게 잘 지내기 위해서는 어떻게 해야 할까요?"

"음…… 이제 바로섬 사람들이 행복하게 살기 위해 지켜야 할 최소한의 약속을 정할 때가 된 것 같네요."

"최소한의 약속이요?"

바로섬 사람들은 눈을 동그랗게 뜨고 물었어요.

"최소한의 약속이란 적어도 이것만큼은 반드시, 꼭 지켜야 하는 약속을 뜻해요. 그 약속을 지킨다면 다툼이나 갈등을 해결할 수 있고, 서로의 이익을 조정할 수도 있을 겁니다."

바로섬의 질서를 유지하고 함께 살아가기 위해서 필요한 약속, 모든 사람이 행복하게 살 수 있는 약속이란 과연 어떤 약속일까요? 까까 군과 반짝 아가씨, 호밀 씨와 뚝딱 아저씨를 비롯한 바로섬 사람들은 최소한의 약속이 무엇일까 무척이나 궁금했어요.

모두가 지켜야 하는 약속, 법

법이란 무엇일까요?

많은 사람들이 모여 사는 곳에는 지켜야 할 원칙과 질서가 필요해요. '법'이란 국가 공동체의 질서를 유지하기 위해 사람들이 지켜야 할 최소한의 규칙을 정해 놓은 것이에요. 우리가 편안하고 안전하게 살 수 있는 것은 법이 있기 때문이에요. 최소한의 규칙이면서도 꼭 지켜야 하는 약속인 법을 어긴다면, 경제적·신체적 불이익인 '벌'을 받게 되어요.

법은 공동체에 속한 사람들이 행복하고 이익을 얻을 수 있도록 만들어져야 해요. 또 모두에게 평등하고, 공정하게 적용되어야 하지요. 재산이나 성별 또는 사회적 지위에 따라 사람마다 다르게 법이 적용되어서는 안 된답니다.

법을 대표하는 상징물로 '정의의 여신상'이 있어요. 정의의 여신상은 한 손에 저울을, 다른 한 손에는 칼을 쥐고 있어요. 저울은 어느 쪽으로 기울어지지 않게 공정하게 판결한다는 것을, 칼은 사회 질서를 파괴하는 사람에게 엄격하게 벌을 준다는 것을 뜻해요. 또한 정의의 여신상은 두 눈을 안대로 가리고 있는데, 이것은 정의를 실현하기 위해서 어느 쪽에도 치우치지 않는 공평한 자세를 지킨다는 뜻이에요.

법은 어떤 역할을 할까요?

다툼을 해결해요

사람들이 모여 살다 보면 다툼을 피하기 어려워요. 다툼을 해결하기 위해서는 분명한 판단 기준이 있어야 하고, 이 기준은 매우 객관적이고 공정해야 해요. 법은 복잡하고 다양한 사회 현상에서 발생하는 여러 다툼들을 공정하게 해결하는 기준이 된답니다.

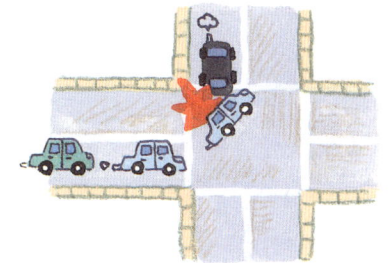

다툼을 예방해요

법으로 어떤 행동이 옳은지 그른지를 정해 놓으면, 사람들은 미리 알고 조심할 거예요. 그렇다면 다툼이 일어날 가능성도 훨씬 줄어들겠지요?

사회 질서를 유지해요

법은 개인의 권리를 지켜 주고, 범죄로부터 안전하게 보호해 주어요. 또 다툼을 해결하고 이익을 합리적으로 조정해 주면서, 사회를 평화롭고 질서 있게 유지하는 데 도움을 줍니다.

2장
법을 만들어요

법 중의 법, 가장 으뜸이 되는 법이 헌법이에요.
헌법 아래에는 법률, 명령, 규칙과 조례가 있어요.
모든 법들은 헌법의 원칙에 따라 만들어져요.

오늘은 바로섬 사람들이 지켜야 할 최소한의 약속을 정하기 위한 회의가 열리는 날이에요. 큰뜻 할아버지는 바로섬을 대표하는 몇 명을 불러 모았어요. 어르신 대표로는 곰곰 할머니, 젊은이 대표로는 도끼 씨, 남성 대표로는 버터 아저씨, 여성 대표로는 반짝 아가씨가 나왔어요. 큰뜻 할아버지는 대표들을 모아 놓고 이야기를 시작했어요.

"요즘 바로섬에서 이런저런 다툼들이 생기고 있어요. 바로섬 사람들이 행복하게 지내기 위해서 모두가 함께 지켜야 할 최소한의 약속을 정해야 해요."

큰뜻 할아버지의 말에 바로섬 대표들은 모두 고개를 끄덕였어요. 그런데 고개를 갸웃거리던 도끼 씨가 큰뜻 할아버지에게 물었어요.

"그런데 어르신, 어떻게 해야 우리 모두가 행복해질 수 있을까요?"

도끼 씨의 질문에 큰뜻 할아버지는 흐뭇한 미소를 지었어요.

"도끼 씨가 중요한 이야기를 해 주었어요. 최소한의 약속을 정하기 전에, 먼저 여러분은 언제 행복하다고 느끼는지 이야기부터 나눠 볼까요?"

큰뜻 할아버지의 말에 도끼 씨가 가장 먼저 번쩍 손을 들었어요.

"이거 저에게는 너무 쉬운 건데요! 저는 일단 먹을 것이 있어야 해요. 맛있는 물고기 구이에 야자열매를 곁들이면……. 꿀꺽, 그것만큼 행복한 일이 없어요! 배불리 먹을 수 있는 음식과 편안하게 쉴 수 있는 집, 추위나 더위로부터 몸을 보호해 줄 옷만 있다면 세상 누구도 부럽지 않죠. 하하하!"

도끼 씨의 말에 모두가 웃었어요. 이어서 큰뜻 할아버지가 말했어요.

"맞아요! 모든 사람들이 먹고 자고 입는 데 불편함이 없어야 해요. 모두가 인간답고 행복하게 살 수 있도록 보호받아야 하고요."

뒤이어 버터 아저씨가 덧붙였어요.

"우리가 행복하게 살려면 다른 섬으로부터 공격을 받지 않아야 할 것 같아요. 우리 역시도 다른 섬을 공격해서는 안 되고요. 우리 바로섬 사람들은 평화를 사랑하니까요."

 모두들 고개를 끄덕였어요. 이때 반짝 아가씨를 보며 큰뜻 할아버지가 물었어요.

"반짝 아가씨는 언제 행복하다고 느끼나요?"

"저는 남이 저에게 이래라저래라 간섭하는 게 정말 싫어요. 저는 제가 하고 싶은 일은 뭐든 언제 어디서나 자유롭게 할 때가 행복해요."

 도끼 씨도 맞장구를 쳤어요.

"저도 그래요. 자유롭게 가고 싶은 곳에 가고, 먹고 싶은 것을 먹고, 하고 싶은 일을 하는 게 좋아요!"

 바로 이어서 곰곰 할머니도 말했어요.

"저는 바로섬 사람들 모두가 똑같이 대접받았으면 해요. 나이가 많아서, 여자라서 은근히

무시당할 때는 정말 속상하다우."

반짝 아가씨가 고개를 끄덕이며 곰곰 할머니의 손을 꼭 잡아 주었어요.

큰뜻 할아버지는 흐뭇한 표정을 지으며 말했어요.

"여러분이 아주 중요한 얘기를 해 주었어요. 바로섬 사람들 모두가 인간답고 행복하게 살 수 있어야 하고, 각자의 자유와 권리를 보호받아야 해요. 다른 섬으로부터 공격받지 않고 평화로워야 하고요. 여러분이 이야기한 것처럼 바로섬 사람들 모두가 행복해지기 위해서는 이 같은 중요한 원칙들을 먼저 세워야 해요."

그때 진지하게 듣고 있던 도끼 씨가 큰뜻 할아버지에게 물었어요.

"그런데 큰뜻 할아버지, 이 원칙만 정하면 우리들 사이의 다툼이 없어질까요? 일상생활에서 어떻게 행동해야 다툼 없이 평화롭게 지낼 수 있는지에 대한 세세한 약속이 필요할 것 같아요. 가령 돈을 빌리고 갚는 문제에 관한 약속 같은 거요. 돈을 빌리면 언제까지 얼마를 갚겠다는 약속, 만약 그렇지 못할 경우에는 다른 방법으로 책임지겠다는 약속 같은 거 말이에요."

큰뜻 할아버지가 고개를 크게 끄덕였어요.

"도끼 씨 말대로 사람 사이의 다툼을 해결하기 위한 세세한 약속이 필요하겠네요."

그러자 버터 아저씨가 뒤이어 말했어요.

"아, 맞다! 얼마 전 어떤 사람이 자전거를 타고 가다가 한 아이를 치고 달아난 일이 있었잖아요? 그 일로 아이가 오랫동안 병원 신세를 졌죠. 이처럼 남을 다치게 하거나 물건을 훔치는 것처럼 절대로 하지 말아야 할 나쁜 행동도 정해야 할 것 같아요. 그런 나쁜 행동을 한 사람이 받아야 하는 벌도 정하고요."

큰뜻 할아버지는 무릎을 탁 치며 말했어요.

"맞아요, 그런 나쁜 행동을 그냥 지나치면 안 되겠죠? 만약 이런 나쁜 행동들을 그냥 둔다면 바로섬 전체의 질서가 무너질 수도 있어요."

열심히 듣고 있던 도끼 씨가 머리가 지끈거리는지 이마를 한 번 훔치고는 말했어요.

"듣다 보니 너무 복잡해요. 그러니까 모두가 행복하게 살기 위한 기본 원칙이 있어야 하고, 그 아래 바로섬 전체의 질서를 유지하기 위한 구체적인 약속 등을 만들어야 한다는 거지요?

정말 어렵네요. 후유……."

도끼 씨가 지끈거리는 머리를 부여잡는 모습을 보며, 큰뜻 할아버지가 껄껄껄 웃었어요.

"도끼 씨, 머리가 아프다면서 내용을 아주 잘 정리했네요. 함께 살아가기 위해 지켜야 할 약속을 만드는 것은 우리가 잘 살기 위해 꼭 필요한 일이에요. 자, 조금만 힘을 내자고요."

법의 종류와 체계

　법은 여러 가지 종류가 있어요. 또한 모든 법의 위치가 같은 건 아니에요. 우리나라 최고의 법인 헌법부터, 법률, 명령, 조례와 규칙 순서로 체계화되어 있어요.

　헌법은 한 나라를 다스리는 데 가장 중요하고 기본적인 원칙을 담고 있어요. 국민의 자유와 권리가 무엇인지, 국가를 어떻게 다스릴 것인지, 국가 기관은 어떻게 조직할 것인지 등에 관한 내용이 담겨 있지요. 따라서 헌법을 살펴보면 그 나라가 어떤 생각을 가지고 국가를 운영하는지 알 수 있답니다.

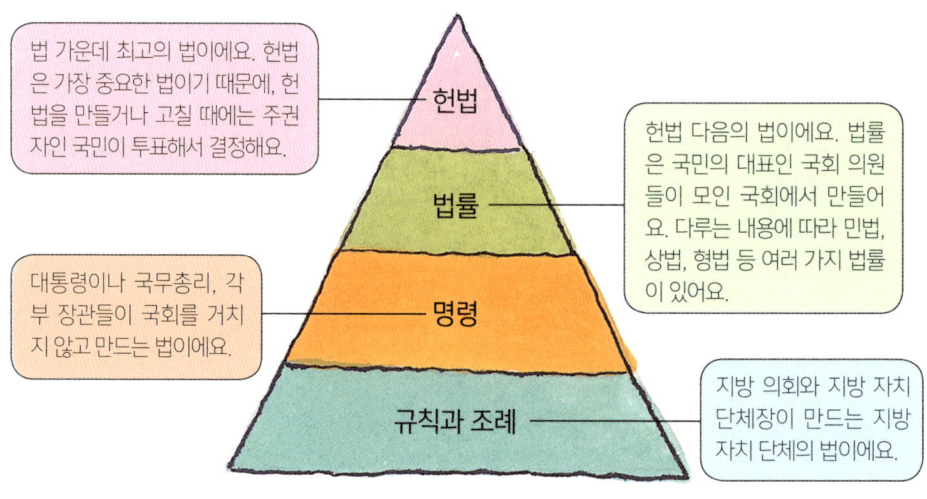

대한민국 헌법

우리나라 헌법은 모두 9번에 걸쳐 고쳐졌어요. 현재의 헌법은 1987년에 고쳐서 알려진 것이에요. 헌법은 총 10장으로 되어 있고, 각 장마다 규정하는 내용이 달라요.

1장 총강으로 우리나라의 성격을 규정하는 주요 개요를 담고 있어요.
2장 국민의 권리와 의무를 담고 있어요.
3장 국회 의원의 선출과 임기, 국회 운영 원칙 등 국회에 대한 내용을 담고 있어요.
4장 대통령, 국무총리와 국무 위원, 국무 회의, 행정 각 부, 감사원 등 정부를 구성하는 사람과 기관의 권한과 의무 등을 담고 있어요.
5장 법원의 역할과 의무, 대법원장의 임명 절차와 권한 등을 담고 있어요.
6장 헌법재판소의 역할과 헌법재판소 재판관의 임명 절차와 임기 등을 담고 있어요.
7장 선거 관리 위원회와 선거 운동 등 선거 관리에 대한 내용을 담고 있어요.
8장 지방 자치 단체와 지방 의회에 대한 내용을 담고 있어요.
9장 경제 활동의 원칙과 경제 활동에 규제를 가하는 정부의 권한에 대한 내용을 담고 있어요.
10장 헌법을 고칠 때 어떤 과정과 방법을 거쳐야 하는지 헌법 개정의 내용을 담고 있어요.

생활 속에서 헌법의 뜻을 실현하려면, 세세한 부분까지 담고 있는 여러 가지 법이 필요해요. 그래서 헌법 아래에 보다 구체적인 법들이 있는 거예요. 헌법 아래의 법들은 모두 헌법에 따라야 해요. 만약 헌법에 어긋난다면 법률적인 힘을 잃게 된답니다.

3장
힘을 나누어요

법을 만들고, 법을 시행하고, 법을 해석·적용하는 곳이 각각 달라요. 이를 삼권 분립이라고 해요. 어느 한쪽의 힘이 막강해지지 않도록 하여 국민의 자유와 권리를 지켜요.

그 사이 바로섬은 많은 것이 변했어요. 법에 따라 선거를 하고 대통령을 뽑았지요. 새로 뽑힌 똑똑 대통령은 바로섬을 잘 이끌어 나가고 싶었어요. 그래서 시간이 날 때마다 바로섬 곳곳을 돌며 사람들의 이야기에 귀를 기울였지요.

하루는 똑똑 대통령이 바닷가 근처를 지나고 있었어요. 마침 꼬불이 아빠가 그곳에서 낚시를 하고 있었지요. 대통령을 만난 꼬불이 아빠는 평소의 생각을 대통령에게 전했어요.

"대통령님, 많은 바로섬 사람들이 바닷가 주변에 살고 있어요. 그런데 거센 파도로부터 마을을 지켜 줄 방파제 하나 없으니, 사람들은 매번 불안에 떨고 있답니다."

태풍이나 해일이 오면 바닷가의 집들은 물에 잠길 수도 있기에, 방파제가 없다는 건 아주 큰 문제였어요. 똑똑 대통령은 급히 국무총리와 장관들을 불러 모았어요.

"바닷가에 방파제가 없어서 그 주변에 사는 사람들이 마음 편히 생활하지 못한다고 합니다. 하루빨리 바닷가에 방파제를 만들도록 하세요."

그러자 국무총리가 머리를 긁적이며 말했습니다.

"대통령님, 사실은……. 법에 따라 방파제를 만들어야 하는데,

관련된 법이 없어서 방파제를 만들지 못하고 있습니다. 방파제를 짓기 전에 법을 만드는 게 우선입니다."

똑똑 대통령은 깜짝 놀랐어요.

"뭐라고요? 방파제를 만들기 위한 법이 없다고요? 바로섬 사람들의 안전과 관련된 문제인데 법이 없다니, 정말 큰일이군요. 하루빨리 법을 만들도록 노력해야겠습니다."

국무총리와 장관들은 '방파제법'의 안건을 만들어 국회에 제출하였고, 국회 의장은 당장 국회 의원들을 모아 회의를 열었어요.

"바닷가에 사는 바로섬 사람들이 거센 파도에 위협받고 있는데도 관련 법이 없어서 방파제를 만들지 못하고 있습니다. 하루빨리 방파제를 쌓을 수 있는 법을 만들어야겠어요."

국회 의장의 말에 많은 국회 의원들이 고개를 끄덕였어요. 그

리고 나서 몇몇 국회 의원들은 방파제법을 정리했어요.

국회 의장은 제출된 방파제법을 의결하기 위해 국회 의원들에게 물었어요.

"방파제법을 이렇게 만드는 데 찬성하는 의원들은 손을 들어 주세요."

절반 넘는 국회 의원들이 손을 들었어요. 그렇게 드디어 방파제법이 만들어졌지요.

"자, 이제 방파제법도 만들어졌으니, 법에 따라 방파제를 만들면 되겠군요."

똑똑 대통령도 기뻐했어요. 법에 따라 방파제 공사는 일사불란하게 시작되었어요.

그런데 공사를 시작하고 나서, 예상치 못했던 문제가 생겼어요. 방파제를 만들어야 하는 곳에 도끼 씨의 집이 있었고 방파제를 만들려면 도끼 씨의 집을 부숴야 했어요. 도끼 씨는 그 소식을 듣고 펄쩍 뛰었어요.

"뭐라고요? 방파제를 지으려면 우리 집을 부숴야 한다고요? 그럼, 나는 어디서 살아요? 그건 절대 안 돼요."

도끼 씨는 이곳저곳을 뛰어다니며 공사를 멈춰 달라고 호소

했어요.

"애고, 어쩌죠? 이미 법이 만들어져서 공사를 할 수밖에 없다는데······."

도끼 씨의 사정은 딱했지만, 사람들은 이렇게 말할 뿐이었지요. 하루하루 방파제 공사는 조금씩 진행되었고, 그럴수록 도끼 씨의 마음은 타들어 갔어요. 도끼 씨는 억울함을 호소하기 위해 마지막으로 법원을 찾아가 자신의 사정을 이야기했어요.

"재판관님, 방파제를 만드는 일이 아무리 중요하다고 해도 우

리 집을 부수는 건 옳지 않아요. 바로섬 사람들의 목숨과 재산도 중요하지만, 제 재산과 권리도 중요하니까요. 이대로 공사가 진행된다면 저는 당장 살 집이 없어져요."

이야기를 들은 재판관이 도끼 씨에게 물었어요.

"도끼 씨는 집을 떠나야 할 뿐만 아니라 재산의 피해도 생기겠군요?"

재판관의 말에 도끼 씨는 고개를 끄덕였어요.

"맞아요. 지금 집이 사라진다면 새집을 구해야 하는데, 집 구

하는 데 돈이 많이 들어가니까요. 앞으로 살 길이 정말 막막해진다고요!"

재판관은 도끼 씨가 무척 억울하겠다는 생각이 들었어요.

"알겠습니다! 방파제법이 헌법의 원칙에 어긋나지는 않는지, 도끼 씨의 권리를 침범하고 손해를 끼치지는 않았는지 살펴보겠습니다."

재판관은 오랜 시간 방파제법을 꼼꼼하게 따져 보았어요. 그리고 드디어 판결을 내렸지요.

"바로섬의 모든 사람들은 행복할 권리가 있습니다. 어떤 누구도 자신의 권리를 침해받아서는 안 됩니다. 그런데 방파제법 때문에 피해를 보는 사람이 생겨났습니다. 이 법이 이대로 시행된다면 도끼 씨는 정들었던 집을 잃게 되고, 경제적인 손해도 보게 됩니다. 따라서 현재 만들어진 방파제법을 일부 고쳐서 도끼 씨의 피해를 보상해야 합니다. 땅땅!"

재판관의 판결을 들은 도끼 씨는 그제야 안심하며 만세를 부르고 기뻐했답니다.

삼권 분립

  법에 관한 일은 국회, 정부, 법원, 이렇게 세 기관이 나누어서 합니다. 이것을 '삼권 분립'이라고 해요. 법을 만드는 일은 입법부인 '국회'가 하고, 법을 집행하는 일은 행정부인 '대통령과 정부'가 해요. 그리고 법을 적용해 재판하는 일은 사법부인 '법원'이 하지요. 법에 관한 일을 이렇게 세 곳에서 나누어 맡고, 서로 견제하면서 어느 한 곳이 막강한 힘을 갖지 않도록 해요. 삼권 분립은 국민의 권리와 자유를 지키기 위한 것이에요.

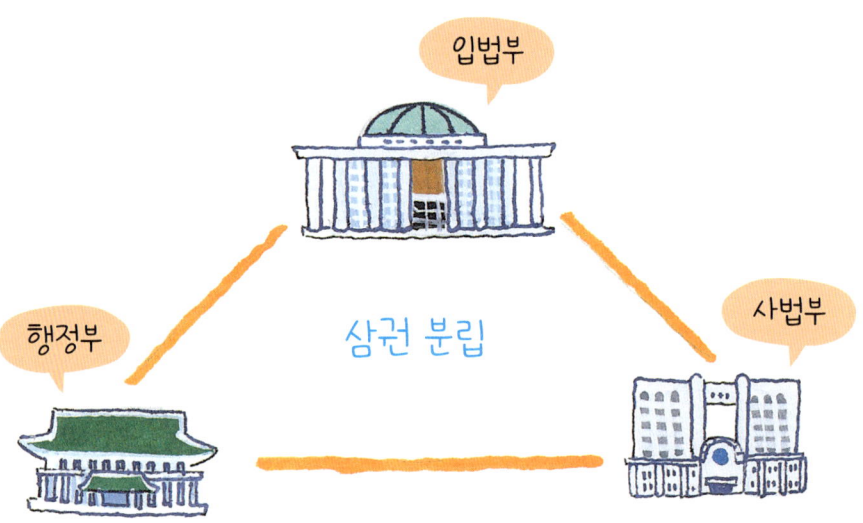

 법을 만드는 입법부

국회에서 가장 중요한 일은 법률을 정하는 일이에요. 국민의 의견이 안건으로 나오면 국회 의원들은 안건을 토의하고 심사합니다. 국회 의원의 과반수가 국회에 나오고, 국회에 나온 의원의 과반수가 안건에 찬성하면 안건은 법률로 만들어지지요.

 법을 지키며 나랏일을 하는 행정부

정부는 국회에서 정한 법률에 따라 나라를 운영하는 일을 하는 곳입니다. 행정부의 대표이자 우두머리는 대통령이에요. 대통령을 도와 행정부를 이끌어 가는 사람은 국무총리예요. 행정부의 여러 부서를 책임지는 책임자는 장관이고요. 대통령을 비롯한 행정부에서는 법을 지켜 나랏일을 처리해요.

 법에 따라 재판하는 사법부

법원은 법에 따라 어떤 일의 옳고 그름을 밝히고 개인의 억울함을 풀어 주며, 개인 사이의 다툼도 해결해 줍니다. 법을 어긴 사람에게는 벌을 주어 사회 질서가 지켜지도록 하지요. 즉, 법원은 국민의 자유와 권리를 보호하고 안전한 사회를 만드는 데 중요한 역할을 해요.

4장
다툼을 해결하는 순서가 있어요

해결이 어려운 다툼이 생겼다고 해서 바로 재판으로 가는 건 아니에요.
다툼을 해결하는 데에는 협상(화해), 조정, 중재 등의 몇 가지 방법도 있어요.

'쿵덕쿵덕, 쿵덕쿵덕'

바로섬의 아침, 곰곰 할머니네 방앗간에서 방아 찧는 소리가 들려왔어요. 곰곰 할머니는 바로섬에서 가장 부지런해요. 매일 아침 해 뜨기 전에 일어나 곡식을 빻거든요. 곰곰 할머니가 곡식 빻는 소리는 바로섬의 아침을 알리는 알람과도 같답니다.

하지만 이 소리가 모두에게 반가운 것은 아니에요. 바로 옆집에 사는 버터 아저씨는 이 소리 때문에 항상 새벽 단잠에서 깨거든요. 버터 만드는 일이 매일 늦게 끝나기 때문에 버터 아저씨는 매일 밤 늦게 잠이 들어요. 그러니 이른 새벽마다 단잠을 깨우는 방아 소리가 무척 성가시게 느껴졌지요.

"저 방아 찧는 소리! 오늘은 도저히 참을 수가 없군!"

사실 버터 아저씨는 요 근래 방아 찧는 소리 때문에 거의 날마다 새벽잠을 설쳤어요. 그러다 보니, 오늘 아침 방아 소리에 깨어났을 때는 화가

솟구쳐서 더 이상은 견딜 수가 없었어요. 버터 아저씨는 벌떡 일어나 곰곰 할머니네 방앗간으로 달려갔어요.

"할머니! 방아 찧는 소리 때문에 잠을 잘 수가 없어요. 새벽엔 방아 좀 찧지 말아 주세요!"

그러자 곰곰 할머니가 말했어요.

"새벽에 방아를 찧지 말라뇨? 그게 말이 되는 소리요?"

"아이참, 오후에 찧으면 되잖아요. 새벽에 찧는 방아 소리 때문에 제 단잠이 싹 달아난다고요!"

"새벽부터 방아를 찧지 않으면, 하루에 일을 다 끝낼 수가 없는데 어쩌란 말이오?"

"조금 늦게 시작해서 늦게 끝내시면 되잖아요?"

"흥, 누가 할 소리! 버터 씨야말로 버터 만드는 일을 일찍 시작해서 일찍 끝내면 되지 않소?"

그러자 버터 아저씨도 지지 않고 대꾸했어요.

"버터 만드는 일이 늦게 끝

나서 늦게 잘 수밖에 없다고요."

"거참, 나도 일찍부터 방아를 찧어야 하루 안에 일이 다 끝나기 때문에 어쩔 수 없어요!"

곰곰 할머니와 버터 아저씨는 계속 자기 입장에서만 말했어요. 그러다가 결국 옥신각신 싸우기 시작했지요. 그때 마침 도끼 씨가 곰곰 할머니네 방앗간 앞을 지나갔어요. 곰곰 할머니는 도끼 씨를 불러 세웠어요.

"도끼 씨, 우리 얘기 좀 듣고 누구 말이 옳은지 얘기 좀 해 주구려."

도끼 씨는 가던 길을 멈춰 섰어요. 그리고 곰곰 할머니와 버터 아저씨의 이야기를 자세히 들었지요. 다 듣고 난 도끼 씨가 잠시 생각한 뒤에 말했어요.

"곰곰 할머니, 평소보다 한 시간만 늦게 방아 찧는 일을 시작하는 건 어떠세요? 그리고 버터 아저씨, 아저씨는 평소보다 한 시간만 일찍 일어나고요."

그러자 곰곰 할머니가 말했어요.

"나는 무려 20년 동안 꼬꼬 아주머니네 닭이 울 때 일어나 방아를 찧어 왔다오. 한 시간 늦게 일어나 일을 시작하라는 건 받아들일 수가 없구려."

그러자 버터 아저씨도 대꾸했어요.

"한 시간 일찍 일어나는 게 나한테는 얼마나 어려운 일인 줄 아세요? 전날 일이 많아서 아침에는 너무 피곤하다고요. 저도 그 의견을 받아들이긴 힘들어요."

버터 아저씨와 곰곰 할머니는 도끼 씨의 진심 어린 충고를 서로 거부했어요.

결국 두 사람은 바로섬에서 가장 지혜롭다는 큰뜻 할아버지를 만나 이야기를 나눠 보기로 했어요. 큰뜻 할아버지의 의견에는 무조건 따르기로 약속하고요.

"큰뜻 할아버지, 곰곰 할머니의 방아 소리 때문에 제가 매일 새벽잠을 설치고 있어요. 어떡하면 좋겠소?"

"나는 아침 일찍부터 방아를 찧지 않으면 매일 밀려드는 일을 끝낼 수 없는데, 어쩌라고요?"

두 사람은 아주 간곡하게 말했어요. 버터 아저씨와 곰곰 할머니의 사정을 들은 큰뜻 할아버지는 두 사람에게 몇 가지 질문을 했어요.

"곰곰 할머니는 평소 꼬꼬 아주머니네 닭 우는 시간에 일어나서 일을 시작한다고 하셨지요?"

"네, 맞아요."

"방아를 찧고 나서는 무엇을 합니까?"

"아침에 일어나자마자 방아를 찧다가, 어디로 얼마나 배달해야 하는지 주문을 확인하지요."

"그렇군요. 그러면 버터 아저씨는 아침에 일어나 버터를 만드는 일 다음에 무엇을 합니까?"

"저는 버터를 만들다가 오후쯤 장을 보러 시장에 갑니다. 버터를 만드는 데 필요한 물건들도 사고 식료품도 사려고요."

큰뜻 할아버지는 두 사람의 대답을 들은 후에 말을 이어 갔습니다.

"이 문제는 생각보다 간단하게 해결할 수 있겠는데요?"

"간단하다고요?"

"네, 아주 간단합니다. 잠깐, 두 분은 제 의견에 무조건 따르겠다고 약속하셨지요?"

"그럼요. 저희는 큰뜻 할아버지의 의견에 무조건 따를게요. 싸우는 것도 이제 지쳤어요."

버터 아저씨의 말에 곰곰 할머니도 덧붙였지요.

"더 싸우다가는 방앗간 일도 다 내팽개칠 지경이라우."

큰뜻 할아버지는 두 사람의 대답을 들은 후 고개를 끄덕였습니다.

"좋습니다! 먼저 곰곰 할머니는 아침에 일어나 방아를 찧다가 주문을 확인한다고 하셨는데 일의 순서를 바꾸는 게 어떨까요? 아침에 일어나자마자 주문을 먼저 확인하는 거예요. 그 다음 방아를 찧고요. 일어나서 주문 내용을 확인하다 보면 시간이 조금 지나겠죠? 방아를 찧을 때쯤이면 버터 아저씨도 일어날 거예요. 버터 아저씨는 지금보다 한 시간 일찍 잘 것을 권합니다. 한 시간 일찍 자고 한 시간 일찍 일어나 일한다면 평소와 일하는 시간이 똑같으니까 일을 다 마칠 수 있을 거예요. 양쪽이 한 가지씩만 양보해 주신다면 이 문제는 쉽게 해결될 텐데, 어떠세요?"

이제 곰곰 할머니와 버터 아저씨의 결정만 남았어요. 그런데 두 사람은 마음의 준비가 덜된 듯했어요. 큰뜻 할아버지의 충고를 바로 받아들이지 않고 한참을 머뭇거렸지요. 그러자 큰뜻 할아버지는 두 사람에게 말했어요.

"아까 제 의견을 꼭 따르겠다고 약속을 하셨지요? 그럼에도

제 의견을 따를 수 없다면, 이제 남은 방법은 한 가지밖에는 없습니다."

"남은 방법이 뭐죠?"

두 사람은 눈을 크게 뜨고 큰뜻 할아버지를 바라보았어요.

큰뜻 할아버지는 단호하게 말했어요.

"시간과 돈이 드는 재판을 하는 수밖에요. 두 분이 재판을 하시겠어요?"

그러자 두 사람은 손사래를 치며 말했어요.

"재판이라고요? 큰뜻 할아버지, 그건 싫어요!"

"나도 재판은 반대라우! 주신 의견대로 할게요."

두 사람은 마음을 정한 듯 화해의 악수를 나눴어요. 큰뜻 할아버지는 빙그레 웃으며 집으로 돌아가는 두 사람의 뒷모습을 바라보았답니다.

분쟁 해결

다툼이 생겼다고 해서 무조건 바로 재판을 하는 방법만 있는 건 아니에요. 여러 절차와 방법을 거쳐서 해결을 하고, 그래도 해결이 안 되었을 때 재판을 진행하게 되지요.

협상(화해)

다툼의 당사자들끼리 직접 문제를 해결하는 것입니다.

조정

다툼의 당사자들이 문제를 해결하지 못했을 때 다른 사람이 나서서 해결하도록 도와주는 것입니다. 예를 들어, 층간 소음으로 분쟁이 생겼을 때 '중앙환경분쟁조정위원회'에 조정을 신청하면 되지요.

중재

조정과 비슷한데 다른 사람의 역할이 좀 더 강화되어 있어요. 조정에서는 조정하는 사람의 말에 꼭 따라야 하는 건 아니에요. 하지만 중재의 경우에는 중재하는 사람의 말에 꼭 따라야 하지요. 예를 들어, 언론·방송으로 피해를 입었을 때에는 '언론 중재 위원회'에 중재 신청을 할 수 있어요.

재판

재판은 다툼 해결의 가장 마지막 수단이에요. 사소한 다툼까지도 무조건 재판에 의존하는 것은 바람직하지 않아요. 그래서 법원에서는 실제로 재판 외에도 대화나 타협을 통한 협상(화해)이나 조정과 같은 절차를 진행하기도 한답니다.
개인끼리 다툼이 생겼을 때는 민사 재판, 범인을 처벌하기 위해서는 형사 재판, 개인이 행정 기관을 상대로 소송하는 행정 재판, 헌법 문제에 대한 판단이 필요할 때 하는 헌법 재판 등 다툼의 성격에 따라 재판의 종류도 다르지요.

5장
개인의 다툼을 해결해요

흔히 재판을 소송이라고 해요. 개인과 개인이 다툴 때 누가 옳은지 법에 따라 판단하는 재판을 민사 재판, 즉 민사 소송이라고 해요.

아름다운 바로섬에는 수많은 관광객들이 찾아와요. 관광객들 사이에 입소문이 나고 바로섬의 인기가 높아지면서 해마다 찾아오는 관광객들도 점점 늘어났지요. 그러자 관광객들이 머물 숙소가 부족해졌어요. 그래서 꼬불이 삼촌은 바닷가에 있는 예쁜 빨간 지붕 집을 사서 관광객들의 숙소를 만들기로 했어요.

"집을 멋지게 꾸며야지. 바로섬에 오는 사람들은 여기서 편하게 묵고, 나는 돈을 벌고. 이거야말로, 일석이조구나!"

꼬불이 삼촌이 빨간 지붕 집을 단장하기로 한 날이었어요. 그런데 골목에서 빨간 지붕 집으로 들어가는 입구 쪽에 그전에는 없던 기다란 쇠막대기가 세워져 있는 거예요.

"이게 뭐야? 누가 여기에 이 쇠막대기를 세운 거지?"

그러자 그 옆에서 화단을 가꾸고 있던 예술가 나멋진 씨가 다가와 말했어요.

"내가 쇠막대기를 세웠는데, 무슨 문제라도 있습니까?"

"뭐라고요? 저기 저 빨간 지붕 집을 제가 샀는데요."

나멋진 씨는 빨간 지붕 집을 바라보며 여유롭게 웃었지요.

"저 집이야 당신 것이지만, 여기는 내 땅이에요. 나에게는 내 땅에 작품을 만들어 세울 권리가 있고요."

나멋진 씨의 여유로운 태도를 보자 꼬불이 삼촌은 마음이 초조해졌어요.

"저 빨간 지붕 집은 바로섬을 찾는 관광객들이 묵을 숙소랍니다. 관광객들은 이 골목을 거쳐 집으로 들어가야 하고요. 관광객들이 숙소로 들어가는데 분명 저 쇠막대기가 방해가 될 거예요. 쇠막대기를 없애 주셨으면 좋겠는데요."

하지만 나멋진 씨는 조금도 흔들림이 없었어요.

"내 작품을 피해 가면 되잖소? 뭐가 문제랍니까? 아까도 말했지만 여기는 내 땅이에요."

꼬불이 삼촌은 슬슬 속이 타기 시작했어요.

"아무리 땅 주인이라지만, 이건 행패 아닙니까?"

하지만 나멋진 씨도 물러서지 않았지요.

"행패라니요? 나는 땅 주인으로서 정당한 권리를 행사하는 거예요."

꼬불이 삼촌이 보기에는 나멋진 씨가 자기 생각만 하는 이기적인 사람 같았어요.

"그러면 그 땅을 저에게 파세요! 제가 땅을 살게요."

"글쎄요? 난 땅을 팔 생각이 없는데……."

"제가 원래 가격의 몇 배로 쳐 드릴게요. 그냥 저한테 파시는 게 어떤가요?"

"아뇨, 싫습니다!"

"뭐라고요? 왜요?"

낮부터 시작된 싸움은 다음 날까지 끝나지 않았어요. 결국 집 단장을 못한 꼬불이 삼촌은 관광객 손님을 받을 수 없어 손해를 보고 말았어요. 너무도 억울하다는 생각이 든 꼬불이 삼촌은 결국 재판을 해서 옳고 그름을 가려 보기로 결심했어요. 꼬불이 삼촌은 변호사를 찾아가 그간의 사정을 설명했어요. 꼬불이 삼촌의 사연을 들은 변호사가 말했지요.

"그간의 억울한 사정을 잘 알겠습니다. 아무리 자기 땅이라고 하더라도 다른 사람에게 고통이나 손해를 끼친다면 그것은 분명 잘못된 일입니다. 재판을 통해 억울함을 풀어 드리도록 하겠습니다."

꼬불이 삼촌은 변호사의 도움을 받아 나멋진 씨를 상대로 법원에 소송을 제기했어요. 그러자 나멋진 씨도 발끈했어요.

"아니, 내가 무슨 잘못을 했다고 그래? 나도 이대로 당할 수는 없지!"

나멋진 씨도 다른 변호사를 찾아가 꼬불이 삼촌의 소송에 대응하기로 했지요.

시간이 흘러 꼬불이 삼촌과 나멋진 씨 사건의 재판이 열리는 날이 되었어요. 꼬불이 삼촌과 나멋진 씨는 각자 자신의 변호사와 함께 재판에 참석했지요. 이윽고 재판정에 판사가 등장하자 꼬불이 삼촌은 가슴이 두근거렸어요. 판사가 자신의 억울한 입장을 꼭 알아주었으면 좋겠다고 간절히 바랐지요. 드디어 재판이 시작되었어요.

"나멋진 씨는 빨간 지붕 집의 입구 쪽에 쇠막대기 작품을 설치해서 그곳에 집을 산 꼬불이 삼촌에게 피해를 주었다는 이

유로 소송을 당했습니다. 나멋진 씨는 그 땅이 자기 땅이기 때문에 그 땅에 어떤 것을 설치해도 상관없다고 생각하고 있습니다. 땅 주인인 나멋진 씨의 권리가 더 우선일까요? 아니면 그곳에 집을 산 꼬불이 삼촌의 권리가 우선일까요?"

꼬불이 삼촌이 먼저 말했지요.

"아무리 자기 땅이라고 해도 다른 사람에게 피해를 주어서는 안 된다고 생각합니다. 나멋진 씨의 땅에 설치한 쇠막대기 때문에 관광객들이 저희 숙소로 가기 불편해졌고, 관광객을 받지 못한 저는 큰 금전적 손해를 봤습니다."

그러자 나멋진 씨가 말했어요.

"저는 적지 않은 돈을 주고 그 땅을 샀고, 오랫동안 그 땅의 주인으로 살았습니다. 제 땅에 제 물건을 설치하는 것은 저의 권리라고 생각합니다."

바로섬의 판사는 두 사람의 의견을 잠자코 들은 후에 판결을 내렸어요.

"이 땅이 비록 나멋진 씨의 땅이라고는 하지만, 그 땅에 세운 쇠막대기 때문에 꼬불이 삼촌이 지나친 고통과 피해를 겪게 되었습니다. 자신의 권리를 지나치게 사용한 것, 즉 남용한 나머

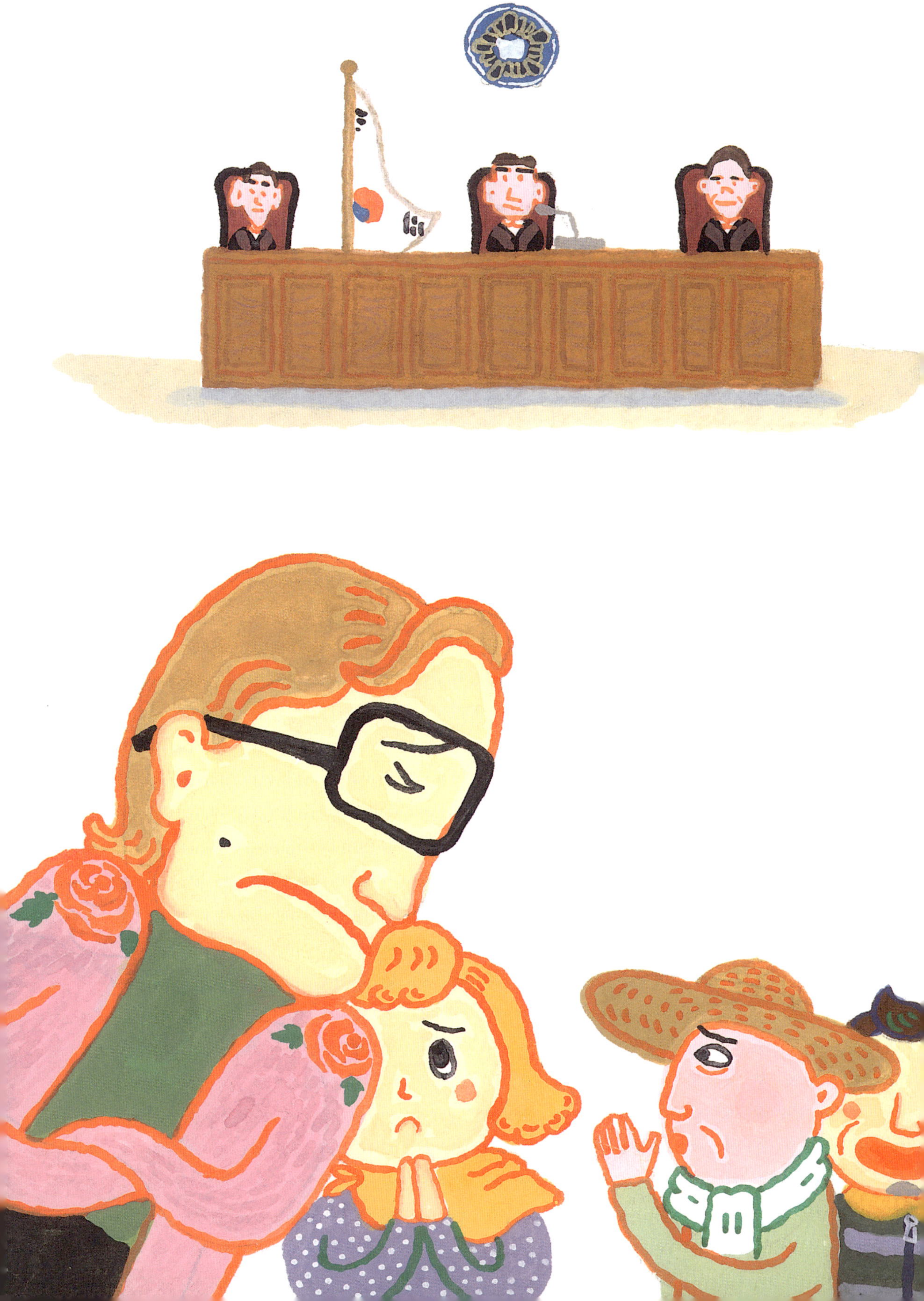

지, 상대방에게 손해를 끼친 행위가 되고 말았습니다. 따라서 나멋진 씨는 쇠막대기를 철거하여야 합니다."

그 순간 꼬불이 삼촌과 나멋진 씨의 얼굴에 희비가 엇갈렸어요. 아무리 자신의 권리라고 하더라도 상대방에게 피해를 줄 정도로 멋대로 행사해서는 안 되겠지요?

민사 재판

'민사 재판'이란 개인과 개인 사이에 다툼이 생겼을 때 누가 옳은지 판단하는 재판이에요. 흔히 재판을 '소송'이라고도 해요. 그러니까 민사 재판과 민사 소송은 같은 말이지요. 민사 재판에서 재판을 신청한 사람을 '원고', 그 상대방을 '피고'라고 불러요. 가령, 영수가 순이한테 100만 원을 빌려주고 받지 못해 재판을 신청했다면, 영수가 원고가 되고 순이는 피고가 되지요. 민사 소송이 제기되면 재판관은 피고에게 소송이 제기되었다는 것을 알리고, 날짜를 정해 재판을 합니다.

재판이 열리면, 원고는 어떤 피해를 입었는지 주장을 하지요. 그러면 피고는 원고의 피해 주장에 대한 답변을 하고, 자기 주장을 펼쳐요. 재판관은 객관적인 증거를 검토하고, 피고와 원고가 주장하는 내용을 들은 뒤에 판결을 내립니다.

보통 민사 재판에서는 법률 지식을 풍부하게 갖춘 변호사가 원고와 피고를 도와줘요. 이때 원고나 피고를 돕는 변호사를 '소송 대리인'이라고 부르지요. 민사 재판에서는 원고, 피고와 그들의 소송 대리인이 판사 앞에 나란히 앉습니다. 또 법정에는 방청석이 있어서 여러 사람이 재판을 지켜봐요. 이것은 공개된 장소에서 공정한 재판을 한다는 뜻이랍니다.

민사 재판의 과정

소장 제출(원고) 답변서 제출(피고) 증거 제출(원고와 피고) 판결 선고

민사 재판에 참여하는 사람들

6장
법으로 범죄를 심판해요

다른 사람의 생명과 신체, 재산 등을 침해하는 범죄로부터
국민을 보호하기 위해 범인을 처벌하는 재판이 형사 재판이에요.

오늘도 바로섬 선착장은 육지에서 온 배들로 가득했어요. 배들은 관광객들을 잔뜩 실어 바로섬에 내려 주었지요. 커다란 덩치에 먹을 것을 매우 좋아하는 까칠해 씨도 오늘 바로섬에 놀러 왔어요.

"이 섬은 아름다울 뿐 아니라, 특히 맛있는 음식이 많다고 했지? 이제부터 구경 좀 해 볼까?"

까칠해 씨는 다른 여행객들과 함께 바로섬에 놀러 왔어요. 하지만 이름만큼이나 예민하고 까칠한 탓에 여럿이 함께 있는 것보다 혼자 있는 걸 더 편하게 여겼지요. 헤어졌다 만나는 시간 약속을 꼬박꼬박 지켜야 하고, 밥도 시간에 맞춰 먹어야 하는 걸 번거롭게만 여겼으니까요.

"내가 왜 다른 사람들이 배고플 때까지 기다려야 하는 거야? 나는 지금 배고픈데!"

까칠해 씨는 결국 일행으로부터 혼자 몰래 떨어져 나왔어요.

"후유, 이제 먹고 싶은 것 맘껏 먹으면서 다닐 수 있겠다!"

까칠해 씨는 가장 먼저 식당부터 들어갔어요. 그리고 바로섬에서 가장 유명한 요리들을 10인분이나 시켜 먹었지요. 단숨에 온갖 음식들을 먹어 치운 후 까칠해 씨는 섬을 천천히 둘러보

려고 바로섬 광장에 갔어요. 광장에는 바로섬을 상징하는 커다란 바로 대왕상이 세워져 있었어요.

"오! 이게 그 유명한 바로 대왕상이군!"

바로 대왕상은 바로섬의 글자를 만든 바로 대왕을 기리기 위해 만든 동상이에요. 까칠해 씨는 신기한 눈으로 바로 대왕상을 요리조리 살펴보았어요. 그때 퍼뜩 육지에 떠도는 바로 대왕상에 대한 소문이 떠올랐지요.

"아, 맞다! 바로 대왕상의 엄지손가락을 만지면 행운이 찾아온다고 했지?"

물론 믿거나 말거나 알 수 없는 떠돌이 소문이었죠. 하지만 까칠해 씨는 왠지 소문대로 하면 자기에게 행운이 찾아올 것 같은 생각이 들었어요. 까칠해 씨는 주변을 조심스럽게 둘러보았어요.

"아무도 없지? 저 손가락을 얼른 만져 봐야겠어."

까칠해 씨는 살금살금 바로 대왕상에 다가갔어요. 바로 대왕상 주변에는 울타리가 쳐져 있었어요. 울타리 앞에는 '절대 동상을 만지지 마시오.'라는 푯말도 붙어 있었지요.

하지만 까칠해 씨는 아무 거리낌 없이 울타리 안으로 들어갔어요. 울타리 안에서 보니 바로 대왕상이 더 크고 웅장하게 보였지요. 엄지손가락을 만지려면 바로 대왕상의 다리 쪽을 밟고 올라가야 했어요. 생각보다 동상에 오르는 것은 쉬운 일이 아니었어요. 까칠해 씨가 두 발로 바로 대왕상의 다리를 딛고 동상에 손을 뻗는 순간, 까칠해 씨의 몸이 기우뚱거렸어요.

"으아악!"

까칠해 씨는 비명을 지르며 바로 대왕상의 팔에 떡하니 매달렸어요.

"휴, 다행이다!"

안심하는 것도 잠시. '빠지직' 하는 소리가 나면서 까칠해 씨는 바닥으로 쿵 떨어졌어요. 정신을 차리고 보니, 까칠해 씨의 옆에 커다란 대리석 조각이 떨어져 있었지요. 그것은 바로 대왕상의 손가락이었어요.

"앗, 이를 어쩌지? 바로섬에서 가장 유명한 동상을 망가뜨리다니…….."

까칠해 씨는 머리가 핑 돌며 겁이 나기 시작했어요.

"빨리 이 섬을 빠져나가야겠어. 아무도 본 사람이 없으니까 괜찮을 거야."

까칠해 씨는 급히 선착장으로 가서 배를 타고 도망갈 생각이었어요.

하지만 바로 그때, 부랴부랴 도망가는 까칠해 씨를 본 사람이 있었어요. 바로 여행 가이드였지요. 여행객들 사이에서 까칠해 씨가 보이지 않자, 여행 가이드는 까칠해 씨를 찾으러 여기저기 다녔던 거예요. 한참을 찾다 광장에 이른 여행 가이드는 허겁지겁 도망가는 까칠해 씨의 뒷모습을 보았어요.

"저기, 까칠해 씨, 까칠해 씨! 어디 가세요?"

까칠해 씨를 부르며 달려가던 여행 가이드는 바닥에 떨어진 바로 대왕상의 손가락을 보고는 깜짝 놀랐어요.

"이게 왜 부러져 여기 떨어져 있지? 설마 까칠해 씨가?"

까칠해 씨가 의심스러웠던 여행 가이드는 바로 경찰에 신고했어요. 몇 시간 뒤, 까칠해 씨는 경찰에게 붙잡혀 유치장에 갇

혔어요.

　이 소문은 순식간에 바로섬에 퍼졌어요.

　"바로섬의 귀중한 보물인 바로 대왕상을 부수어 놓고 도망가다니, 이건 범죄예요."

　호밀 씨가 말했어요.

　"맞아요. 법을 어기고 잘못을 했으니 벌을 받는 게 마땅하죠."

　꼬꼬 아주머니도 거들었지요.

　잘못을 저지른 까칠해 씨는 얼마 뒤에 재판을 받게 되었어요.

법정에는 재판관과 검사, 까칠해 씨 그리고 까칠해 씨의 변호인이 참석했어요. 먼저 검사가 이번 사건에 대해 이야기를 시작했어요.

"피고인 까칠해 씨는 여행객 무리에서 몰래 빠져나온 뒤 '들어가지 마시오.'라고 쓰여 있는 푯말을 무시하고 바로 대왕상이 있는 울타리 안으로 들어갔습니다. 그리고 바로 대왕상을 부수었습니다. 물건을 파괴한 것은 범죄에 해당합니다. 따라서 본 검사는 까칠해 씨에게 1년의 징역을 구형합니다."

검사의 말에 까칠해 씨의 얼굴은 흙빛이 되었어요. 그리고 어깨를 들썩이며 울기 시작했지요. 이윽고 까칠해 씨의 변호인이 까칠해 씨의 입장에서 이야기를 펼쳤어요.

"까칠해 씨는 바로 대왕상의 손가락을 만지면 행운이 찾아온다는 소문을 믿고 동상에 올라갔습니다. 단지 손가락만 만지려

고 했는데, 실수로 동상을 훼손하게 되었습니다. 일부러 한 것이 아닌 실수였음을 꼭 생각해 주십시오. 또 까칠해 씨는 지금 깊이 뉘우치며 반성하고 있습니다. 이 점을 재판관님께서는 생각해 주시기 바랍니다."

양쪽의 이야기를 모두 듣고 난 재판관이 까칠해 씨에게 말했어요.

"그러한 사정들을 판결에 반영하기는 하겠습니다. 피고인, 마지막으로 하고 싶은 말이 있으면 해 보세요."

까칠해 씨는 예민하고 까칠했던 모습은 온데간데없이 사라지고, 눈물을 뚝뚝 흘리며 말했어요.

"올라가면 안 되는 바로 대왕상에 올라갔고, 갑자기 미끄러지면서 실수로 동상을 부쉈습니다. 반성하면서 제 죗값을 달게 받겠습니다."

바로섬의 귀중한 바로 대왕상을 훼손하고 도망간 죄로 까칠해 씨는 결국 징역 6개월의 형벌을 선고받고 그 기간 동안 감옥에 갇히게 되었어요. 감옥에 갇힌 까칠해 씨는 깊은 반성의 시간을 보내게 되었답니다.

형사 재판

'형사 재판'이란 물건을 훔치거나 폭력을 행사하는 것과 같은 범죄 사건이 벌어졌을 때, 범죄를 저지른 사람에게 어떤 벌을 내릴지 정하는 재판이에요.

형사 재판에서는 검사가 피해자와 국가를 대신하여 범죄를 저질렀다고 의심되는 사람을 상대로 법원에 재판을 신청해요. 이때 재판을 받는 사람은 '피고인', 피고인을 도와주는 사람을 '변호인'이라고 해요. 형사 재판에서 판사는 피고인이 범죄를 저지른 것이 맞는지, 맞다면 얼마만큼의 벌을 받아야 하는지를 판단해요. 판사는 공정하고 엄격하게 법을 적용하여 국민과 정의의 편에서 양심에 따라 판결을 내리지요.

형사 재판에 적용되는 법률에는 형법과 형사소송법이 있어요. 어떠한 행위들이 범죄가 되고, 그러한 행위를 어떠한 형벌로 처벌할 것인가를 규정한 법률이 '형법'이에요. 반면 형사 재판의 소송 절차를 규정하고 있는 법률이 '형사소송법'이지요.

형사 재판에서 검사의 자리와 피고인의 자리는 판사의 오른쪽과 왼쪽에 마주 보고 위치합니다. 변호인은 피고인의 바로 옆에서 피고인을 도와주지요.

형사 재판에 참여하는 사람들

판사
피고인이 범죄를 저지른 것인지 아닌지 판단하고, 벌의 종류와 양을 결정해요. 판사는 국민과 정의의 편에 서서 법률과 양심에 따라 판단을 내려요.

검사
재판에 참여하여 그동안 수사했던 내용을 근거로 범인이 죄를 저질렀다는 주장을 하고, 얼마나 벌을 받아야 하는지 의견을 제시해요.

변호사
법을 잘 모르는 피고인의 편에 서서 죄가 없음을 주장하거나, 벌을 적게 받도록 도와줘요.

피고인
범죄를 저질렀다고 의심되어 형사 재판을 받는 사람이에요.

077

7장
법으로 소비자를 보호해요

돈을 내고 물건을 사거나 서비스를 받는 사람이 소비자예요.
소비자는 법에 따라 여러 가지 권리를 보호받아요.

오늘은 꼬불이가 일 년 중 가장 기다리는 날, 바로 생일이에요. 꼬불이는 오래전부터 생일 선물로 꼭 갖고 싶었던 것이 있었어요. '최고 게임기'예요. 작고 앙증맞은 최고 게임기 안에는 무려 다섯 가지의 게임이 들어 있거든요. 바로섬 아이들 사이에서도 최고 게임기의 인기는 그 이름처럼 최고였어요.

꼬불이는 최고 게임기를 사 달라고 엄마, 아빠를 일 년 전부터 졸라댔어요. 드디어 생일을 맞이해 최고 게임기를 손에 넣은 꼬불이는 저 멀리 별나라까지 날아갈 듯 신이 났지요.

"너무 귀엽고 사랑스러운 최고 게임기야, 오늘부터 너는 내 옆을 절대 떠나선 안 돼!"

꼬불이는 포장도 벗기지 않은 게임기를 품에 안고 소리쳤지요. 그리고 정성스레 포장을 뜯는데, 사용 설명서가 툭, 떨어졌어요. 꼬불이 아빠가 사용 설명서를 집어 들었어요.

'하루에 3시간 이상 사용할 경우 고장 날 수 있음.'

"어, 하루 종일 사용할 수 있다고 광고한 거랑 다르잖아?"

꼬불이 아빠는 설명서를 보고 꼬불이에게 당부했어요.

"꼬불아, 설명서를 보니 하루에 3시간 이상 게임을 하면 안 된다고 되어 있구나. 시간을 꼭 지켜서 해야 한다."

"네! 꼭 시간 지켜서 할게요."

꼬불이는 우렁찬 목소리로 대답했어요.

그날 이후 최고 게임기는 꼬불이의 가장 가까운 친구가 되었어요. 하지만 처음 약속과 달리 꼬불이는 게임기를 한번 붙잡으면 쉽게 놓지를 못했어요.

"조금만 더 하고 싶은데······."

하지만 그때마다 꼬불이 아빠는 허락하지 않았어요.

"안 돼!"

　할 수 없이 꼬불이는 하루에 3시간을 넘기지 않고 게임을 했어요.
　다음 날 신나게 게임을 하던 꼬불이는 뭔가 이상하다는 느낌을 받았어요.
　"어, 오늘따라 게임기가 좀 뜨겁네?"
　하지만 화면도 선명하고, 띠링띠링 소리도 잘 났어요.
　"에잇, 별거 아닐 거야."
　꼬불이는 별다른 의심을 하지 않고, 이내 다시 게임에 빠져들었어요. 얼마나 게임에 빠져들었는지 화장실 가는 것도 잊고 게임에만 열중했지요.
　"아, 이러다 싸겠다. 화장실부터 다녀와야겠어."
　꼬불이는 게임기를 잠시 내려 두고 볼일을 보고는, 다시 게임기를 집어 들었어요. 그런데 갑자기 '삐이익' 하는 소리가 나더니 게임기가 꺼져 버리는 거예요. 그리고 아무리 눌러 봐도 다시 작동하지 않았어요.

　"으잉? 이거 왜 이러지?"
　꼬불이는 게임기를 이리 흔들고 저리 흔들어 봤어요. 그래도 게임기는 아무 반응이 없었어요.

"아빠, 게임기가 이상해요. 작동을 안 해요."

화분에 물을 주던 아빠가 와서 게임기를 이리저리 살펴보다 말했어요.

"아무래도 불량 같구나. 게임기 회사에 연락해 봐야겠어."

다음 날, 꼬불이네 가족은 최고 게임기 회사의 판매 담당자를 찾아갔어요.

"산 지 얼마 안 된 최고 게임기가 고장 나 버렸어요. 아무래도 불량 제품인 것 같으니, 환불해 주세요."

커다란 안경을 쓴 판매 담당자는 머리를 긁적이며 말했어요.

"아, 죄송합니다! 저, 일단 제품을 환불하려면 영수증이 필요한데, 영수증을 가져오셨습니까?"

"영수증이요?"

"예, 영수증이 있어야 확인도 하고, 환불해 드릴 수 있답니다."

아뿔싸! 꼬불이네 가족은 부랴부랴 집으로 돌아와 집 안팎 쓰레기통을 몽땅 뒤졌어요. 다행히 쓰레기통에서 구겨진 영수증을 겨우 찾았지요. 그 영수증을 들고 꼬불이네 가족은 다시 최고 게임기 회사를 찾아갔어요.

"영수증을 가지고 왔어요. 이제 환불 받을 수 있죠?"

"네, 그런데 혹시 하루 3시간 이상 게임기를 쓴 건 아니겠죠?"

그러자 꼬불이가 말했어요.

"아니에요. 아빠가 절대 3시간 이상 하면 안 된다고 하셔서 시간을 지켜서 했어요. 맹세할 수 있어요."

자신 있게 말하는 꼬불이를 보며 판매 담당자는 고개를 끄덕였어요.

"네, 알겠습니다. 영수증을 보니 사신 날짜로부터 아직 일주일이 지나지 않았네요. 주의 사항을 지켜 사용했는데도 고장이 났다면 저희 제품에 문제가 있는 거겠죠. 환불을 해 드리도록 하겠습니다."

꼬불이네 가족은 최고 게임기 값을 환불 받고 집으로 돌아왔어요. 꼬불이는 좋아하던 게임을 할 수 없게 되어 아쉬웠지만 이번 경험을 통해 많은 것을 배웠어요. 광고만 믿고 제품을 사서는 안 된다는 점, 영수증은 잘 챙겨 놓아야 한다는 점, 문제가 있는 제품을 너무 늦게 반품하면 안 된다는 것을 말이에요.

소비자를 보호하는 법

 돈을 주고 물건을 사거나 시설을 이용하거나 서비스를 받는 사람을 '소비자'라고 해요. 소비자의 권리와 이익을 보장하기 위해 만들어진 법이 '소비자기본법'이에요. 소비자기본법에는 소비자의 권리와 책임, 국가 및 지방 자치 단체와 사업자의 책임과 의무, 소비자 단체의 역할 등을 정해 놓았어요.

소비자의 권리

① **안전할 권리** : 소비자는 구입한 물품이나 시설, 서비스로부터 보호받을 권리가 있어요.
② **알 권리** : 소비자는 물품 등을 선택할 때 필요한 지식과 정보를 제공받을 권리가 있어요.
③ **선택할 권리** : 소비자는 물품 등을 누구와 거래할지, 어디에서, 얼마에 살지를 자유롭게 선택할 권리가 있어요.
④ **의견을 표현할 권리** : 소비자는 소비 생활에 영향을 주는 국가 및 지방 자치 단체의 정책과 사업자의 사업 활동에 대하여 의견을 제시하고 반영할 권리를 가지고 있어요.
⑤ **보상받을 권리** : 소비자는 물품 등을 사용하다가 입은 피해에 대하여 신속하고 공정한 절차에 따라 보상받을 권리가 있어요.

⑥ **교육받을 권리** : 소비자는 합리적인 소비 생활을 위하여 필요한 교육을 받을 권리가 있어요.
⑦ **단체 활동할 권리** : 소비자는 권리와 이익을 증진시키기 위하여 단체를 만들고 활동할 수 있는 권리가 있어요.
⑧ **쾌적할 권리** : 소비자는 안전하고 쾌적한 환경에서 소비할 권리가 있어요.

소비자의 책임과 의무

① **경제 주체 책임** : 소비자는 경제를 구성하는 주체로서 물품 등을 올바르게 선택하고, 소비자의 기본적 권리를 정당하게 행사해야 해요.
② **정보 습득 책임** : 소비자는 스스로의 권리와 이익을 높이기 위해 필요한 지식과 정보를 얻도록 노력해야 해요.
③ **유익한 소비 생활 책임** : 소비자는 자원을 절약하고 환경을 보호하는 소비 생활을 해야 해요.

8장
헌법과 관련된 다툼을 해결해요

헌법재판소는 최고의 법인 헌법과 관련된 재판을 맡아 법률이 헌법에 위배되는지를 심판해요. 헌법재판소 재판관은 9명으로 구성되어 있지요.

요즘 바로섬 사람들 사이에서 인기 있는 만화책이 있어요. 만화가 색연필 양이 쓰고 그린 《통통이의 모험》이에요. 통통이가 야자나무 숲에 사는 악당과 맞서 싸우면서 모험을 떠나는 내용이지요. 누구든 이 만화를 한번 보기 시작하면, 신나고 박진감 넘치는 이야기에 빠져들 수밖에 없죠. 그런데 만화책 《통통이의 모험》이 더 이상 판매되지 않는다는 거예요.

"꼬불아, 그 얘기 들었어?"

까까 군이 머리를 자르러 온 꼬불이에게 물었어요.

"무슨 얘기요?"

"이제 《통통이의 모험》을 더 이상 볼 수 없대."

"왜요?"

"'불량 만화에 관한 법률'에서 판매 등을 금지한 불량 만화에 해당되었다던데?"

"불량 만화가 뭔데요?"

"아이들한테 나쁜 영향을 주는 만화라고나 할까?"

"《통통이의 모험》이 불량 만화라고요? 저는 재밌기만 하던

데, 어떤 게 나쁘다는 거죠?"

"글쎄, 모험을 겪는 과정이 너무 위험하게 표현되어 있다나 뭐라나……."

까까 군이 신문에서 본 내용을 꼬불이한테 말해 주었어요. 꼬불이는 아쉬운 표정을 지으며 말했지요.

"아저씨, 통통이의 모험이 아직 끝나지도 않았잖아요? 정말 더 이상 볼 수 없는 거예요?"

"그러게 말이야. 《통통이의 모험》을 읽는 재미로 살았는데, 이제 뭘 봐야 하나?"

꼬불이뿐 아니라 까까 군도 무척이나 실망한 표정이었어요. 두 사람은 이발하는 것도 잊은 채 긴 한숨을 내쉬었지요.

그러나 이 소식에 가장 크게 실망한 사람은 바로 만화를 쓰고 그린 색연필 양이었어요.

"아니, 내 만화가 왜 불량 만화라는 거야? 아이들한테 너무 위험하다고? 말도 안 돼!"

며칠 동안 고민하던 색연필 양은 '불량 만화에 관한 법률'이 헌법에 적합한 것인지 따져 보기로 했어요. 이 법이 '표현의 자유'를 침해한다는 생각을 하게 되었거든요. 헌법에서는 누구나

자유롭게 자기 의사를 표현할 수 있다는 '표현의 자유'를 보장하고 있어요. 그래서 색연필 양은 '불량 만화에 관한 법률'이 헌법에 위배되는지 확인하기 위해 법률 전문가인 변호사를 선임한 다음 그를 통해 헌법재판소에 재판을 요청했어요.

"재판관님, 제 만화는 통통이의 모험을 다룬 만화입니다. 실감 나고 박진감 넘치게 이야기를 만들다 보니 통통이가 여러 가지 위험한 일을 겪게 되는 내용이 나옵니다. 하지만 그런 내용이 아이들에게 나쁜 영향을 준다고 생각하지는 않습니다. 제 만화가 불량 만화라는 것은 상상한 것을 자유롭게 표현할 수 있는 표현의 자유를 억압하는 것이라 생각합니다. 제 만화가 불량 만화라는 법률이 잘못되었다는 것을 인정해 주셨으면 좋겠습니다."

색연필 양의 간절한 바람이 헌법재판소의 재판관들에게 전해졌을까요? 얼마 뒤, 헌법재판소의 결정이 나왔습니다.

"색연필 작가님이 쓴 《통통이의 모험》을 아주 꼼꼼하게 읽어 보았습니다. 무척이나 흥미롭고 재미있는 내용이었습니다. 《통통이의 모험》이 불량 만화로 취급되었다니 매우 유감스럽습니다. 그래서 우리 재판관들은 어떤 만화를 불량 만화라고 규정해야 하는지 다시 한번 깊이 생각해 보았습니다. 그런데 그 법률에는 《통통이의 모험》을 불량 만화로 판단할 만한 명확한 규정이 없었습니다. '불량 만화'가 무엇인지 그에 대한 내용이 미리 법률로 명확하게 정해져 있지 않았기 때문에 그 법률 중 해당 규정은 헌법에 위배되어 무효이고, 따라서 《통통이의 모험》은 '불량 만화'에 해당되지 않음을 알려 드립니다."

색연필 양은 헌법재판소의 결정문을 읽자마자 '야호!' 하며 기쁨의 환호성을 질렀어요. 그리고 곧장 책상으로 돌아가 바로 다음 편 이야기를 만들기 시작했지요.

헌법 재판

헌법재판소의 역할

헌법은 한 나라의 가장 중요한 원칙을 담고, 가장 높은 효력을 지닌 법이에요. 그래서 개별 사항을 자세히 정해 놓기보다는 포괄적인 원칙과 방향을 담고 있어요. 때로는 구체적인 문제에 대해 헌법을 어떻게 적용해야 하는지 판단할 필요가 있어요. 헌법재판소는 이처럼 헌법 문제와 관련된 분쟁을 다루는 특별한 재판소예요. 그럼, 헌법재판소에서는 어떤 재판들을 다룰까요?

법률이 헌법에 위반되는지 판단하는 재판
헌법재판소는 국회에서 만든 법률이 헌법에 어긋나지는 않는지 판단해요. 만약 법률이 헌법에 어긋난다면, 법률로서의 효력을 잃어 무효예요.

국가 기관으로부터 기본권을 침해받았는지 판단하는 재판
헌법에 보장된 국민으로서의 자유와 권리를 침해받았다면, 헌법재판소에 자유와 권리를 보장해 달라고 요청할 수 있어요.

고위 공직자가 헌법과 법률을 어겨 파면되어야 하는지 판단하는 재판
대통령이나 장관 등 고위 공직자가 잘못을 저질러 국회에서 파면을 요구할 때, 그것을 심판해요.

정당을 없어지게 할지 판단하는 재판

정당이란 정치적 뜻을 함께하며 권력을 갖기 위해 모인 사람들의 집단이에요. 어떤 정당이 헌법 정신을 어겼다고 판단되면, 정부는 그 정당을 흩어지게 해 달라고 요청할 수 있어요. 헌법재판소는 정당 활동이 헌법을 어겼는지를 판단해 정당의 해산 여부를 결정할 수 있어요.

국가 기관 사이의 권한에 대해 판단하는 재판

국가 기관과 국가 기관, 국가 기관과 지방 자치 단체, 지방 자치 단체와 지방 자치 단체 사이에 권한의 다툼이 생길 때, 헌법재판소는 그 권한이 어느 쪽에 있는지 심판을 해요.

헌법재판소의 구성

헌법재판소는 모두 9명의 재판관으로 이루어져요. 이 중에서 3명은 국회에서, 3명은 대법원장이, 나머지 3명은 대통령이 뽑아서 임명해요. 즉 대통령, 국회, 법원이 동등한 위치에서 똑같은 수의 헌법재판관을 뽑는 것이지요. 뽑힌 아홉 명 가운데 한 명이 헌법재판소장을 맡아요. 헌법재판소장은 대통령이 국회의 동의를 얻어서 임명해요.

9장
국민이 재판에 참여해요

국민 참여 재판은 형사 재판에서 일반 국민이 유죄, 무죄 등을 판단하는 배심원으로 참여하도록 한 제도예요. 판사는 국민 배심원의 의견을 참고하여 최종 판결을 내리지요.

지나가던 구름도 바람도 잠시 쉬어 가는 바로섬. 그런데 이 평화로운 바로섬에 한바탕 떠들썩한 사건이 일어났어요. 바로섬의 한 청년이 누군가로부터 공격을 받아 크게 다친 거예요. 경찰은 범인을 잡기 위해서 대대적으로 수사를 벌였지요.

수사가 시작되고 얼마 뒤, 경찰은 다행히 청년의 옷에서 범인의 머리카락을 찾아냈어요. 그 머리카락이 실마리가 되어 드디어 범인을 체포할 수 있었지요. 범인이 잡히고 나자 뒤숭숭했던 바로섬도 차츰 진정되어 예전의 평화를 되찾아 갔어요.

몇 달의 시간이 흘렀어요. 꼬불이 아빠가 신문을 보다가 커다란 눈썹을 실룩거리면서 꼬불이를 불렀어요.

"꼬불아, 꼬불아! 몇 달 전에 한 청년이 괴한에게 공격받아 크게 다쳤던 사건 알지?"

"네, 아빠! 그 사건 범인 잡혔잖아요."

"그래. 그 사건 재판이 이제 열린단다. 그런데 국민 참여 재판으로 한다는구나."

"국민 참여 재판이요?"

"그래! 국민 참여 재판은 공정하고 상식적인 판결을 위해서 일반 국민이 형사 재판에서 옳고 그름을 판단하는 배심원으로 참여하는 제도란다."

"우리 같은 평범한 사람도 배심원이 될 수 있다는 건가요? 정말 멋져요. 저도 배심원 하고 싶어요."

꼬불이가 두 눈을 크게 뜨며 말했어요.

"하하, 아쉽지만 넌 아직 어려서 안 된단다. 배심원은 만 20세 이상으로, 재판이 열리는 지역에 사는 사람들 중에서 뽑거든. 단, 법과 관련된 일을 하거나 해당 사건과 관련 있는 사람은 배심원이 될 수 없어."

"그러면 아빠는 배심원이 될 수도 있겠네요."

"그렇지. 그 청년 사건의 재판이 우리 지역에서 열리니까 한

번 기다려 보자꾸나."

꼬불이 아빠가 꼬불이 머리를 쓰다듬으며 말했어요.

며칠 뒤, 꼬불이네 집에 편지가 한 통 도착했어요. 편지를 읽던 꼬불이 아빠가 깜짝 놀랐어요.

"꼬불아, 아빠가 배심원으로 선정되었대!"

꼬불이 역시 깜짝 놀라 게임을 하다 말고 뛰어나왔지요.

"아빠가요? 정말, 정말이요?"

"그래, 내가 배심원에 선정되어서 국민 참여 재판에 참석할 수 있게 되었구나."

아빠도, 꼬불이도 배심원 선정 소식에 무척이나 들뜨고 흥분되었어요.

"아빠, 정말 공정하게 판단을 내려야 해요."

꼬불이는 아빠에게 신신당부를 했어요.

"그럼, 당연하지! 공정한 판결을 위해서 우리 같은 일반 사람들이 재판에 참여하는 거니까."

꼬불이 아빠는 주먹을 불끈 쥐며 다짐했어요.

"그런데 배심원이 유죄라고 판결하면, 판사님도 유죄라고 판결해야 해요? 만약에 배심원의 판단과 판사의 의견이 다르면

어떡해요?"

꼬불이의 질문에 아빠는 웃었어요.

"하하, 꼬불이가 관심이 정말 많구나. 배심원의 의견대로 판사가 판결을 내리는 건 아니야. 하지만 배심원의 의견이 판사의 판결에 영향을 줄 수는 있어. 그래서 배심원의 역할과 책임이 크단다."

"아하! 이제 잘 알겠어요. 멋진 국민 배심원 우리 아빠한테 잘 배웠습니다!"

꼬불이가 넙죽 절을 하자, 아빠는 멋쩍게 웃었어요. 꼬불이는 그런 아빠가 너무도 멋지고 자랑스러웠답니다.

국민 참여 재판

국민 참여 재판의 시행

형사 재판은 다른 사람을 살해하거나 강도 행위를 하는 것처럼, 사회 질서를 어지럽히는 행위를 한 사람에게 벌을 주기 위해 하는 재판이에요. 그런데 판사가 독립적으로 판결을 내리다 보면, 간혹 판결이 공정하지 못할 가능성도 있어요. 그래서 공정한 판결을 위하여 일반 국민도 재판에 참여할 수 있게 한 제도가 바로 '국민 참여 재판'이에요. 우리나라에서는 2008년 1월부터 시행되었지요.

국민 참여 재판은 법률 전문가가 아닌 국민이 배심원이 되어 형사 재판 절차에 참여해요. 배심원은 재판을 지켜본 다음 유죄인지 무죄인지, 유죄라면 형벌은 얼마로 하면 좋을지 판단하는 역할을 하는 사람이에요.

국민 참여 재판은 '국민의 형사재판 참여에 관한 법률'에 따라 살인, 고의로 남에게 상처를 입혀 죽게 한 사건처럼 흉악한 범죄에 대한 재판에서만 가능해요. 또한 피고인이 국민 참여 재판을 원해야 가능하지요.

배심원의 자격

만 20세 이상의 국민이면 누구나 배심원으로 뽑힐 수 있어요. 사건에 따라 배심원의 수는 5명에서 9명으로 결정되어요. 배심원으로 뽑혔지만 혹시 빠지는 사람이 생길 경우를 대비해서 5명 이내로 예비 배심원도 뽑아 두지요.

배심원의 역할

형사 재판에서 배심원들은 유죄인지 무죄인지를 의논한 다음 만장일치 또는 다수결의 방법으로 의결을 해요. 유죄라고 판단되면, 어느 정도 벌을 받아야 하는지도 정해서 판사에게 제시해요. 그러면 판사는 배심원의 의견을 참고하여 판결을 내리지요. 그렇지만 판사가 꼭 배심원의 의견을 따라야 하는 건 아니에요. 판결을 할 때 판사는 배심원의 의견을 참고만 할 뿐이지, 무조건 받아들여야 하는 것은 아니랍니다.

10장
누구나 행복할 권리가 있어요

사람은 누구나 인간으로서의 존엄과 가치를 가지고 행복을 추구할 권리인 인권이 있어요. 만약 인권이 지켜지지 못하면, 법에 호소해서 지킬 수 있어요.

많은 사람들이 바로섬을 찾아오면서 바로섬은 하루가 다르게 변해 갔어요. 마트, 기념품 가게, 공원, 놀이동산, 호텔, 여행사 등이 하나둘 늘어났지요. 가게나 회사가 많아지면서 거기서 일하는 사람들도 늘어났고, 심지어 일자리를 찾아 바로섬으로 이사 오는 사람들도 생겨났어요.

성실해 양도 그런 사람 가운데 한 명이에요. 일자리를 찾아 바로섬에 왔거든요. 성실해 양은 꼬불이 삼촌네 빨간 지붕 집에 묵으면서 기념품을 만드는 작은 공장에 다녔어요. 그곳에서는 주로 바로섬을 상징하는 산호 모양의 조각품을 만들었지요. 성실해 양은 항상 열심히 일했어요.

그런데 얼마 전 성실해 양에게 기운이 쭉 빠지는 일이 일어났어요. 우연히 옆자리 남자 직원의 월급 명세서를 보게 되었는데, 자기와 월급이 다르다는 걸 알았거든요.

"나는 왜 저 사람보다 월급이 적지?"

똑같은 시간 동안 똑같은 일을 하는데, 남자 직원이 받는 월급이 성실해 양의 월급보다 더 많았어요. 그 후로 성실해 양은 영 일할 기운이 나지 않았어요.

며칠을 끙끙 앓으며 속상해 하던 성실해 양은 꼬불이 삼촌한테 고민을 털어놓았어요. 곰곰이 듣고 있던 꼬불이 삼촌도 그건 옳지 않다는 생각이 들었어요.

"같은 일을 하는데 월급이 다르다는 건 부당하죠. 고민만 하지 말고, 사장님한테 월급을 똑같이 달라고 이야기해 보는 게 좋을 것 같아요."

꼬불이 삼촌이 성실해 양에게 용기를 주었어요. 성실해 양은 사장님을 찾아가 얘기해 보기로 마음먹었어요.

"똑똑!"

동그란 얼굴에 동그란 안경을 쓴 땀흘려 사장은 성실해 양을 보고 고개를 갸웃거렸어요.

"어떤 일로 찾아왔지요?"

성실해 양은 살짝 긴장이 되긴 했지만 그럴수록 용기를 내어 큰 목소리로 말했어요.

"제가 왜 옆자리 남자 직원보다 적은 월급을 받아야 하는지 모르겠습니다."

"뭐라고요?"

"제 월급이 다른 남자 직원들 월급보다 터무니없이 적다는 걸 알게 되었습니다. 정해진 시간 동안 똑같은 양의 기념품을 만드는데 말입니다. 아무리 생각해 봐도 제가 그들보다 일을 덜 한다고 생각하지 않습니다. 또 일을 못하지도 않고요. 유일하게 다른 점이라면 제가 여자라는 것밖에는 없는 것 같습니다."

땀흘려 사장은 이마에 땀이 송글송글 맺히는 게 느껴졌어요. 땀흘려 사장이 이마의 땀을 손등으로 살짝 닦고는 말했지요.

"물론, 성실해 양이 열심히 일하는 것은 저도 잘 알고 있어요. 하지만 다른 남자 직원들은 부양해야 할 가족이 있지만, 성실해 양은 그렇지도 않고……. 어쨌든 남자에 비해 여자가 힘을 못 쓰는 것도 사실이고…….”

그런데 땀흘려 사장은 말을 하면 할수록 말끝을 점점 흐렸어요. 성실해 양은 다시 한번 힘주어 말했지요.

"그런 것들이 제가 차별받을 이유는 되지 않습니다. 저도 다른 남자 직원과 똑같이 일을 하고 똑같이 제품을 만듭니다. 단지 결혼을 안 했고, 여자라는 이유만으로 더 적은 월급을 받는 것은 명백한 차별이라고 생각합니다.”

땀흘려 사장은 성실해 양의 논리정연한 말솜씨에 더 할 말이 생각나지 않았어요.

"하지만 회사 사정상 월급을 더 줄 수는 없어요.”

끝까지 월급을 더 주는 게 곤란하다는 땀흘려 사장의 말에 성실해 양은 결심했어요. 법의 심판을 받아 보기로 말이지요. 그리고 얼마 뒤, 법원으로부터 땀흘려 사장 앞으로 한 통의 편지가 날아왔어요.

"땀흘려 사장은 동일한 일에 대해서는 동일한 월급을 지급하여야 한다. 그런데도 남성 근로자보다 여성 근로자에게 적은 월급을 줄 경우, 이는 '남녀고용평등법'과 '근로기준법'을 위반

하는 불법 행위이다. 땀흘려 사장은 성실해 양에게 적정한 월급 및 그동안 못 받은 월급의 차액을 배상할 책임이 있다."

"꽈당!"

땀흘려 사장은 편지 한 통을 다 읽기도 전에 놀라 뒤로 자빠졌어요. 얼굴은 새빨개지고 땀은 비오듯 쏟아졌지요.

"그동안 성실해 양이 못 받아 온 월급을 모두 줘야 한다고? 이럴 수가!"

땀흘려 사장의 입에서 신음 소리 같은 비명이 터져 나왔어요.

그때 누군가 똑똑 문을 두드리는 소리가 들렸어요.

"안녕하세요? 땀흘려 사장님!"

성실해 양이 밝은 표정으로 사장실로 들어왔습니다.

"오늘 법원 판결문 받으셨죠? 저도 똑같이 일을 하는데 여자라는 이유로 차별받아선 안 되죠. 그동안 제가 못 받은 월급은 정확히 계산해서 제 통장으로 넣어 주세요. 아셨죠?"

땀흘려 사장은 당황스러웠지만, 더 이상 아무 말도 할 수가 없었어요. 그리고 앞으로 성실해 양에게 다른 직원과 똑같은 대우를 해 주기로 약속했지요.

오늘은 바로섬에서 큰 잔치가 열렸어요. 바로섬 광장에는 수

많은 사람들이 모여들었지요. 사람들은 서로 반갑게 인사하고 '하하 호호' 웃으며 이야기를 나누었어요. 때때로 시비를 가려야 하는 일도 생기고 다투기도 했지만, 법을 만들고 지켜 나가면서 바로섬 사람들은 지혜롭게 문제를 해결해 나갔어요.

"법을 잘 지키는 것이 우리 모두가 행복하게 살기 위한 길이라니까!"

바로섬 사람들은 모두가 법의 주인이 되어 좀 더 살기 좋은 바로섬, 모두가 행복한 바로섬을 만들어 나가자고 다짐했답니다.

인권이란 무엇일까요?

 사람은 누구나 태어나면서부터 국적, 인종, 성별, 종교 등에 상관없이 존중받아야 해요. 즉 모든 사람은 인간으로서의 존엄과 가치를 가지며, 인간답게 살아갈 권리가 있어요. 인간답게 살아가기 위해 마땅히 누려야 할 권리가 바로 '인권'이에요. 우리나라의 헌법에서는 국민 누구든 차별받지 않고 자유롭고 인간다운 삶을 살며 행복한 삶을 추구할 권리를 보장하고 있어요.

자유롭게 생각하고 표현하며 행동할 권리

모든 국민은 국가로부터 간섭받지 않고, 자유롭게 생각하며 말하고 행동할 수 있어요. 사는 곳을 선택해서 살 수 있고, 원하는 직업을 선택할 수 있으며, 원하는 학문과 예술을 추구할 수 있지요.

차별받지 않을 권리

모든 국민은 법 앞에 평등해요. 따라서 모든 생활 영역에서 성별이나 종교, 사회적 신분에 따라서 차별받지 않고 공평하게 법을 적용받아야 해요.

교육받을 권리

사람은 누구나 최소한의 인간다운 삶을 살 수 있어야 하고, 이러한 권리를 국가에 요구할 수 있어요. 모든 국민은 능력에 따라 균등하게 교육을 받을 수 있어요.

정치에 참여할 수 있는 권리

법률이 정하는 기준에 따라 모든 국민은 선거를 할 수 있는 권리가 있어요. 모든 국민은 법률에 따라 선거의 후보자로 나갈 수도 있고, 나랏일을 하는 공무원이 될 수 있는 권리가 있어요.

법에 따라 공정한 재판을 받을 권리

모든 국민은 자신의 권리를 침해받았을 때, 법에 따라 국가에 권리 구제를 요청할 수 있으며, 법에 따른 공정한 재판을 받을 권리를 가지고 있어요.

추천의 글

이 책은 '바로섬'이라는 공동체를 배경으로 사회생활에서 법이 왜 필요한지, 그리고 법이 무엇이며, 법을 어겨 타인의 권리나 공동체의 질서를 훼손하는 경우 어떠한 절차로 어떤 불이익이나 벌을 받게 되는지, 나아가 자신의 권리나 이익을 침해받을 경우 어떻게 보호받을 수 있는지 등을 재미있는 사례와 친근한 그림으로 알기 쉽고 유익하게 설명해 주고 있습니다.

흔히 '인간은 사회적 동물이다.'라고 하지요. 사람은 결코 혼자서는 살아갈 수 없으며, 많은 사람들이 사회와 국가를 이루어 공동생활을 하는 경우 반드시 크고 작은 다툼이나 범죄 또한 발생하기 마련입니다. 우리는 '법 없이도 살아가는 양심적인 사람'을 동경하며 '범죄 없는 평화로운 세상'을 늘 꿈꾸지만, 공동생활을 하다 보면 뜻하지 않게 겪게 되는 갈등과 분쟁, 충돌 속에서 끊임없이 법적인 문제와 마주하게 됩니다. 이때 법적 분쟁을 평화롭게 해결하고 사회 질서를 평온하게 유지·존속하기 위하여 공동체 구성원들이 강제적인 효력을 갖는 사회 규범으로서 만들어 낸 것이 바로 '법'입니다.

서울 서초동 대법원 청사 본관 앞쪽에는 '자유, 평등, 정의'라는 커다란 글씨가 또렷하게 새겨져 있습니다. '자유롭고 평등하며 정의로운 사회'가 법이 추구하는 목표(이념)이며, 대법원을 비롯한 사법부는 이를 실현하기 위해 노력하겠다는 의지와 염원의 표현입니다. 그리고 본관 2층 중앙 홀의 대법정 입구에는 '정의의 여신상'이 두 눈을 감은 채로 한 손에는 저울을, 다른 한 손에는 법전을 들고 있습니다. 사회적 지위나 신분에 대한 편견 없이 오직 법과 양심에 따라 공평한 판결을 하겠다는 정의(正義)의 상징입니다.

아무쪼록 초등학생을 비롯한 우리의 아동·청소년들이 일찍부터 이러한 법을 배우고, 한편으로 법을 잘 지켜 나가는 습관과 준법 정신을 기르는 데 이 책이 좋은 길잡이 역할을 하게 되기를 소망하고 또 확신하며, 이 책을 적극 추천합니다.

소재용 (대법원 판례조사위원)

여기는 바로섬 법 용어를 배웁니다

검사 범죄를 수사하고 재판을 집행하며, 검찰의 권리를 행사하는 사법관이에요.

고위 공직자 국가 기관이나 공공 단체 일 등 나랏일을 맡아보는 사람 중에 직책이 높은 사람을 말해요.

국가 기관 국가의 통치를 위해 설치한 입법, 사법, 행정 기관을 통틀어 '국가 기관'이라고 해요.

국민 참여 재판 일반 국민이 배심원으로 구성되어 재판에 참여하는 제도예요. 우리나라에서는 2008년 1월부터 실시되었는데, 법적인 구속력은 없어요.

국회 국민이 뽑은 의원으로 구성된 국민의 대표 기관이에요. 입법 기관이자, 정부의 견제 기관이에요.

국회 의원 국회를 이루는 구성원으로, 국민에 의해 선출되어요.

국회 의장 국회의 대표로, 국회 질서를 유지하고 회의를 진행해요.

규칙 헌법, 법률에 입각하여 세워지는 제정법의 하나예요. 입법, 사법, 행정의 각 부에서 제정되어요.

기본권 인간이 태어날 때부터 지니고 있는 기본 권리예요. 자유권, 사회권, 참정권 등은 모두 기본권에 속해요.

답변서 민사 소송에서 피고가 원고의 소장 등에 대해 반대 내용의 신청이나 이유 등을 적어 제출하는 문서예요. 형사 소송에서는 항소인이 제출한 문서에 대응하여 그 상대편이 제출하는 문서예요.

대법원장 대법원의 최고 직위를 맡은 사람이에요. 국회의 동의를 얻어 대통령이 임명할 수 있어요.

대통령 국가를 대표하는 사람이에요. 우리나라에서 대통령은 행정부의 실제 권한을 가지고 있어요.

명령 국회의 의결을 거치지 않고 행정 기관에서 제정되는 국가의 법령이에요. 대통령령, 총리령, 부령 등이 있어요.

민법 개인의 권리와 관련된 법률을 아울러 이르는 말이에요.

민사 재판 민사 사건에 대해서 법원에서 행해지는 재판이에요.

배심원 일반 국민 중에서 선출되어 재판 등에 참여하고, 판단을 내리는 사람이에요.

법 국가의 강제성을 띠는 사회 규범을 말해요. 국가 및 공공 기관에서 정한 법률, 명령, 규칙, 조례 등이 법에 속해요.

법률 국회의 의결을 통해 대통령이 서명하고 널리 알림으로써 생기는 나라의 법이에요. 헌법의 다음 단계에 위치하는 법이에요.

법원 소송 사건에 대해 법률적 판단을 내리는 권한을 가지며 사법권을 행사하는 국가 기관이에요. 대법원, 고등 법원, 지방 법원, 가정 법원 등이 있어요.

법정 소송 절차에 따라 법원이 재판을 하는 곳을 말해요.

변호사 법률에서 정하는 일정한 자격을 지니고, 소송과 관련된 사람의 의뢰, 또는 법원의 명령에 따라 원고나 피고를 변론하는 등 법률에 관한 업무를 하는 사람이에요.

분쟁 서로 복잡하게 다투는 것을 말해요.

사법부 대법원과 대법원이 관할하는 모든 기관을 말해요. 입법부, 행정부와 함께 삼권 분립을 이루고 있지요.

사회권 국민이 인간다운 생활을 누리기 위해 국가에 요구할 수 있는 권리예요. 교육받을 권리, 노동권 등이 있어요.

삼권 분립 국가의 권력을 입법, 사법, 행정의 삼권으로 나누어 서로 견제하도록 하여 권력을 마구 휘두를 수 없게 한 제도예요. 삼권 분립은 국민의 자유와 권리를 보장하기 위한 것이에요.

서기 어떤 단체에서 문서나 기록 등을 맡은 사람을 말해요.

선고 재판의 판결 내용을 알리는 것이에요. 선고로써 재판의 효력이 생기지요.

소비자기본법 소비자의 권리와 책임을 정해서, 보다 나은 소비 생활과 국민 경제의 발전을 목적으로 하는 법이에요.

소송 원고와 피고 사이의 권리나 의무 등을 재판에 의해 법률로 확정하는 절차를 말해요. 민사 소송, 형사 소송, 행정 소송, 선거 소송 등이 있어요.

소송 대리인 법령의 규정에 의해 소송 당사자를 대신해서 소송을 할 권한을 가진 사람을 말해요.

소장 소송을 제기하기 위해서 법원에 제출하는 서류예요.

언론 중재 위원회 언론의 보도 등으로 인해 피해를 입은 사람들의 반론 보도나 정정 보도 및 손해 배상 청구와 관련된 사건을 접수하여 조정하고 중재하기 위한 기구예요.

원고 법원에 민사 소송을 제기한 사람을 말해요.

인권 인간이라면 누구나 당연히 가지는 기본 권리를 말해요.

입법부 법률 제정을 맡아보는 국가 기관으로, 국회를 이르는 말이에요.

재판 특정 소송 사건을 해결하기 위해 법원 등에서 판단을 내리는 일이에요.

재판관 재판 업무를 맡아 재판권을 행사하는 법원 소속 국가 공무원을 뜻해요.

정당 정치적인 뜻이 같은 사람들이 정치적인 이상을 이루기 위해 모여 조직한 집단이에요.

정부 입법, 사법, 행정의 삼권을 모두 포함하는 통치

기구를 통틀어 말해요.

조례 지방 자치 단체에서 법령 안에서 지방 의회의 의결을 통과해 그 지방의 사무에 관해 정하는 법이에요.

조정 분쟁을 해결하기 위해 법원이 분쟁 당사자들의 합의를 이끌어 내어 화해시키는 일이에요.

중앙환경분쟁조정위원회 환경을 보전하고 국민의 건강 및 재산상의 피해 구제를 목적으로 하고 있는 분쟁 조정 위원회로, 특별시, 광역시, 또는 도에 설치되어, 환경 분쟁을 효율적으로 해결하려 하고 있어요.

중재 분쟁 당사자들 사이에 다른 이가 개입하여 분쟁을 조정하고 해결하는 일이에요.

증인 어떤 사실을 증명하는 사람으로, 법원에서 소송 당사자와 관련된 어떤 일에 대해 본인이 경험한 일들을 진술하는 사람이에요.

지방 자치 단체 국가의 통치권 안에서, 국가 영토 일부에 대한 자치권을 가지고 그곳의 주민을 법률 안에서 통치하는 단체를 말해요.

참정권 국민이 국정에 직접적으로 또는 간접적으로 참여하는 권리예요.

청구권 특정인에 대해 일정한 행위를 요구할 수 있는 권리로, 손해 배상권 등이 있어요.

판사 대법원이 아닌 다른 각급 법원의 법관이에요.

평등권 모든 국민은 법 앞에 평등하며, 정치적·경제적·사회적 생활에서 차별받지 않을 권리를 말해요.

피고 민사 소송에서, 소송을 당한 쪽의 사람이에요.

피고인 형사 소송에서 검사에 의해 형사 책임을 져야 할 사람이에요.

행정 재판 행정 소송 사건에 대한 재판이에요.

행정부 행정을 맡아보는 국가 기관이에요.

행정소송법 행정 소송 절차에 대한 법률을 말해요.

헌법 우리나라 최고 법규로, 모든 법의 기초가 되는 법이에요. 국민의 기본적인 인권을 보장하고 있으며, 국가의 조직이나 구성에 대한 근본법을 다루고 있어요. 다른 법률이나 명령으로써 바꿀 수 없어요.

헌법 재판 법률, 명령, 규칙 등이 헌법에 위배되는지를 심판하는 재판이에요.

헌법재판소 법령이 헌법에 위배되는지 등을 심판하는 특별 재판소예요. 법률의 위헌 여부, 탄핵, 정당의 해산 등에 관한 것을 심판해요.

형법 범죄와 형벌과 관련한 법률 체계를 말해요. 어떤 행위가 처벌을 받고, 처벌의 정도나 종류 등에 대한 것을 정해요.

협상 어떤 목적에 맞는 결정을 하기 위해 여럿이서 의논하는 것을 말해요.

형사 재판 형사 사건에 관한 재판이에요. 범죄자의 형벌을 정할 때 형사소송법에 따라 정해져요.

여기는 바로섬 법을 배웁니다 한우리필독서 선정, 소년한국 우수어린이도서 선정

펴낸날 초판 1쇄 2019년 11월 18일 | 초판 3쇄 2022년 2월 3일

글 안소연 | 그림 임광희 | **감수·추천** 소재용
편집 송진아 | **디자인** 손미선 | **홍보마케팅** 배현석 송수현 이상원 | **관리** 최지은
펴낸이 최진 | **펴낸곳** 천개의바람 | **등록** 제406-2011-000013호 | **주소** 서울시 영등포구 양평로 157, 1406호
전화 02-6953-5243(영업), 070-4837-0995(편집) | **팩스** 031-622-9413 | **도판** Shutterstock

ⓒ안소연·임광희, 2019 | ISBN 979-11-90077-24-8 73360

* 이 책은 저작권법에 따라 보호받는 저작물이므로 무단전재와 무단복제를 금지하며,
  이 책 내용의 전부 또는 일부를 이용하려면 반드시 저작권자와 천개의바람의 서면 동의를 받아야 합니다.

* 잘못 만든 책은 구입하신 서점에서 바꾸어 드립니다. 천개의바람은 환경을 위해 콩기름 잉크를 사용합니다.
* 종이에 베이거나 긁히지 않도록 조심하세요. 책 모서리가 날카로우니 던지거나 떨어뜨리지 마세요.

제조자 천개의바람 **제조국** 대한민국 **사용연령** 8세 이상